꿈의 교실

______________에게

아름답게 꿈꾸고 씩씩하게 그 꿈을 이뤄 나가길 바랍니다.

______________드림

꿈의 교실

고봉익 지음

자기주도학습으로
공부의 맛을 알아가는
특별 프로젝트 리얼 현장 이야기

해와비

프롤로그

자기주도학습으로 꿈꾸는 꿈의 교실

자기주도학습이 완성된 교실의 모습을 오랫동안 꿈꿔 왔다.

자기주도학습이 정착된 스웨덴이나 핀란드, 또는 일본 등 여러 나라 학교의 모습을 볼 때마다 우리의 교실도 언젠가는 그러한 모습으로 변화될 거라고 믿었다. 그리고 같은 꿈을 지닌 사람들과 적지 않은 시간을 함께 노력해 왔다.

이제 그 꿈이 현실로 나타나고 있다.

자기주도학습이란 말조차 생소하던 시절, 필자는 먼저 교사들을 대상으로 이론과 프로그램들을 알리기 시작했다. 교사 전체가 코칭을 받는 학교가 나오기 시작하더니, 점차 자기주도학습을 전문으로 하는 교사를 양성하는 학교까지도 생겨났다. 시간이 지나면서 우리가 바라던 자기주도학습의 수업 시스템이나 생애 설계 진로 교육 시스템을 본격적으로 도입하는 학교들이 하나둘 씩 나타나기 시작했다. 곳곳에서 작게는 교실이, 크게는 학교가 변화되는 많은 사례들이 나오고 있는 것이다.

그중 경기도의 한 고등학교는 프로그램을 도입한 그해에 경기도 전체에서 학력 신장 1위를 했다. 서울의 한 고등학교는 입시 실적이 서울시 전체에서 하위권이었다가 프로그램을 도입한 지 1년 만에 2위까지 올라갔다는 이야기도 들었다. 어떤 고등학교는 성적이 하위권인 학생들에게 '꿈의 교실' 프로그램을 도입해 큰 변화를 일으켜 서울시 우수 사례 학교로 소개되기도 했다.

학교 현장에서 날아오는 이러한 변화 사례를 접할 때마다 기쁨과 보람을 느낀다. 무엇보다도 가장 기쁜 건 학생들 개개인에 대한 변화 이야기를 들을 때다.

지금까지 오면서 잊을 수 없는 것은 수많은 훌륭한 선생님들과의 만남이다. 학생들에 대한 사랑, 교육에 대한 열정, 그리고 사명감이 넘쳐 났던 많은 선생님들이 적극적인 도움을 주셨다. 학생들에게 프로그램을 적용할 때 현장에 맞도록 보다 효과적으로 내용을 다듬어 주어 프로그램이 탄탄해졌고 더 많은 열매를 맺을 수 있었다.

그 과정에서 만난 귀한 선생님들 한 분 한 분이 다 이 책의 고명석 선생님, 김지원 선생님이다.

이제 그간의 내용들을 모아 더 많은 학교와 선생님들을 위해 책으로 낸다. 이 책은 아이들의 적용 사례와 이론을 모두 참고할 수 있게 만들었다. 이 책에 등장하는 여러 프로그램과 방법, 그리고 아이들의 모습은 실제 학교 현장에서 있었던 이야기들이다.

자기주도학습과 관련된 기존의 책은 대부분 개인의 변화에 초점을 맞추었다. 하지만 이 책은 교실의 변화, 아이들의 변화를 다루었다. 이상적인 교실을 꿈꾸다가 현실의 벽에 부딪혀 지친 선생님들에게 이 책이 힘이 되었으면 한다.

자녀의 진로에 큰 관심을 가진 부모님들에게도 이 책은 도움이 될 것이다. '꿈의 교실' 프로그램은 분명 성적 향상에 도움을 준다. 그러나 그것이 최종 목적은 아니다. 먼저는 학생들이 자신을 알고 꿈을 찾게 돕는다. 왜 공부해야 하는지 알고 꿈을 가진 학생은 스스로 공부하게 되기 때문이다.

이 책에는 꿈을 꾸는 과정을 어떻게 코치하는지부터, 공부하는 습관을 갖게 하는 실제적인 방법까지 모두 담겨 있다. 부디 이 책이 좋은 성적을 받으려고, 또는 부모님이 시키니까 마지못해 공부하는 아이가 아닌 스스로 계획하고 실행하는 진정한 의미의 자기주도학습을 이루는 자녀로 키우는 데 도움이 되길 바란다. 자녀에 대한 신뢰와 공감, 응원은 자녀들에게 가장 큰 힘이 된다. 그 힘으로 아이들은 더욱 아름답게 꿈꾸고 자랄 수 있다.

그동안 의욕적으로 꿈의 교실 프로그램을 도입하려 했지만 예산 문제나 시간, 교사들의 전근 등 여러 이유로 본 프로그램을 제대로 배우지 못한 교사나 지속하지 못했던 학교들에 대해 마음에 부담이 있었다. 이 책을 출간하면서 그런 부담도 일부 덜 수 있게 된 것 같다.

이 책을 통해 누구나 꿈의 교실 프로그램의 전체적인 흐름과 의도를 쉽게 파악하고 접근할 수 있기를 바란다. 그래서 인재를 키우는 교육을 시도하는 선생님에게, 꿈을 갖고 싶은 학생에게, 행복하게 자녀를 키우길 원하는 학부모에게 도움이 되길 바란다.

고봉익

등장인물

이영재

꿈의 교실의 주인공. 공부에 대해서 회의적이고 매사에 의욕이 없다. 우리들중학교로 전학 와서도 적응하지 못하고 힘들어하지만 두 선생님과 친구들의 도움으로 성장한다. 은비를 남몰래 좋아하고 있다.

고명석 선생님

우리들중학교 출신의 교육 전문가. 교장 선생님의 요청으로 우리들중학교 특별반 '꿈의 교실'을 맡고 아이들을 지도한다. 자신 역시 힘든 유년기를 보낸 기억이 있어 아이들 한 명, 한 명에게 진심을 다하는 멋진 선생님.

김지원 선생님

'어떤 가르침을 받느냐에 아이들은 달라질 수 있다!'는 신념으로 생활 습관과 공부 방식을 바로잡아 주는 멘토링 전담 선생님. 동안에 귀여운 외모지만 숨겨진 카리스마로 아이들을 압도한다.

고은비

성적이면 성적, 외모면 외모, 무엇 하나 빠질 게 없는 우리들중학교의 김태희. 세상 부러울 것 없어 보이는 아이지만 남들은 모르는 고충을 안고 엄마와의 갈등으로 힘겨워한다.

민호, 정호

꿈의 교실에서 분위기 메이커인 쌍둥이 형제. 언제나 유쾌하고 적극적이다. 흠이 하나 있다면 공부와 담쌓고 컴퓨터게임에 빠져 산다는 점이다.

지은

은비의 베스트 프렌드. 매사에 자신감이 없고 심리 상태가 불안정한 사춘기 소녀.

정규

우리들중학교 싸움 짱. 담임 선생님이 싫어 꿈의 교실로 옮겼는데 뜻밖의 변화를 겪게 된다.

현수

영재를 따르고 선망하는 아이. 영재에게 크나큰 용기를 준다.

차 례

1

우리들중학교의 우리들 이야기

자기주도학습으로 공부의 맛을 알아가는 특별 프로젝트 리얼 현장 이야기 꿈의 교실

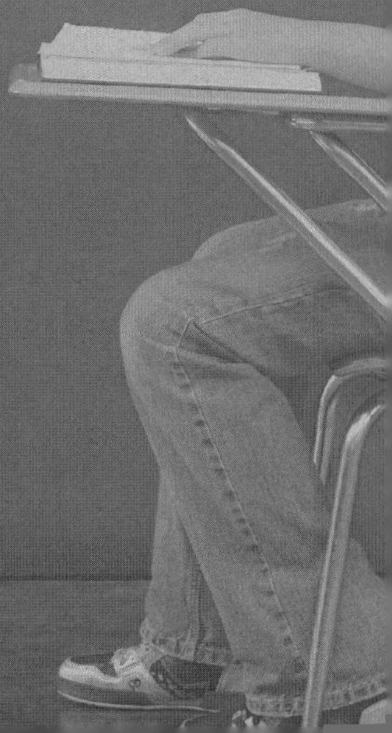

아침부터 우리들중학교가 술렁였다. 며칠 전부터 소문이 나돌기 시작했다. 지난번 중간고사에서 전교 석차 1등부터 50등까지를 기록한 학생들의 이름과 성적이 곧 공개된다는 것이었다.

"5반 애들이 학주가 5반 담임한테 말하는 걸 들었대!"

소문의 근원이 어디인지 확실하진 않지만 아이들은 교무 회의가 열리는 이번 월요일이 바로 '등수판 붙는 날'이라고 떠들어 댔다.

성적이 공개되는 날이 다가오면 아이들은 너나 할 것 없이 흥분했다. 이번 전교 1등은 누구인지, 1등의 평균 점수는 얼마인지, 지난번 1등이 또 1등을 할지……. 석차를 둘러싼 아이들의 관심은 똑같다.

따지고 보면 전교 석차 1등부터 50등은 전체 학생 수에 비하면 소수에 불과하다. 50등 안에 드는 학생보다 그렇지 못한 학생이 더 많다. 그런데도 성적이 좋은 아이, 좋지 않은 아이 할 것 없이 석차 공개에 뜨거운 관심을 보였다. 마치 어른들이 재산이 많건, 적건 간에 우리나라에서 소득 1위인 사람, 혹은 세계에서 최고 부자가 누구인지 궁금해하는 것과 마찬가지다.

"이번에도 8반 진수가 1등일 거야."

"아니야, 저번에 3등 했던 현지가 이번에는 1등 먹었다고 소문 쫙 났어."

"웃기지 마. 이번 전교 1등은 2반 경진이거든?"

이렇게 성적이 공개되는 날만 놓고 보면 아이들에게 학교는 단지 경쟁 집단일 뿐이다. 그래서인지 이들은 거대한 경쟁 집단에서 수많은 경쟁자를 물리치고 1등을 차지하는 아이가 누구인지 무척 궁금해한다. 1등은 아이들의 영웅이자 동시에 선망과 질투의 대상이기 때문이다. 하지만 모두가 1등에 관심을 갖는 것은 아니었다.

"진짜 시끄러워서 잠을 못 자겠네! 1등이 니들 밥 먹여 주냐!"

쉬는 시간, 수업 시간 할 것 없이 맨 뒷자리에서 잠만 자는 정규가 버럭 소리를 질렀다. 재잘거리던 아이들이 일순간 조용해졌다. 정규는 덩치도 크고 인상도 험악한데다 인근의 학교에까지 5대 싸움 짱 중 한 명으로 소문이 났다. 아이들에게는 그런 정규가 선생님보다 더 무서운 존재였다.

"정작 지들 성적은 바닥이면서 끼리끼리 모여서 남의 성적 이야기나 하고. 니들도 참 한심하다, 한심해."

'뭐야, 내 입 가지고 내 마음대로 말도 못하나?'

아이들은 정규의 말에 대꾸하고 싶지만 속으로만 중얼거렸다. 가만 생각해 보니 정규 말이 틀린 것도 아니다. 반에서 10등은커녕 20등 안에도 못 드는데 1등을 진수가 하든, 현지가 하든, 뽀로로가 하든 무슨 상관이란 말인가. 엄마 말대로, 이대로라면 나는 평생 가도 1등 한 번 못 해 볼 것이 분명한데 말이다. 그렇게 생각하니 갑자기 어깨가 축 처지고 우울해졌다. 바로 그때였다.

"등수판 붙었다!"

복도를 뛰어가던 아이들 중 하나가 소리쳤다. 정규의 말 한마디에 풀이 죽어 있던 아이들이 언제 그랬느냐는 듯 웅성거리면서 밖으로 나갔다.

"아, 근데 저것들이 진짜!"

이번에는 정규가 화를 내 봤자 소용이 없었다. 복도로 쏟아지는 아이들의 수가 워낙 많았기 때문이다.

'등수판'은 우리들중학교의 중심인 현관 벽면 게시판에 붙었다. 아이들은 1등부터 50등에 올라온 이름들을 확인하느라 정신이 없었다. 등수를 확인한 아이들의 반응은 다양했다. 처음으로 50등 안에 든 것을 펄 듯이 기뻐하는 아이도 있고 50등 밖으로 밀려나 표정이 어두운 아이도 있었다. 하지만 대체로 50등 안에 이름을 올린 몇 명의 아이들은 의기양양한 표정을 짓는 반면 그렇지 못한 다수의 아이들은 50등 안에 든 아이들을 그저 부러워할 뿐이었다.

전교 1등은 소문대로 지난번 시험에서 3등을 했던 현지가 차지했다. 아이들은 현지가 한 달에 수백만 원씩 하는 족집게 과외를 시작했다고 하기도 하고 하루 두 시간만 자고 공부했다고 떠들었다. 뒷말이 눈덩이처럼 불어나고 있지만 무수한 소문 중에서 뭐가 거짓이고 뭐가 진실인지 알 수 없었다. 분명한 것은 모든 아이들이 이 순간, 현지를 부러워하고 있다는 것이다.

'아, 전교 1등 한번 해 봤으면 소원이 없겠다.'

아이들은 서로 말은 하지 않지만 같은 생각에 빠져 있었다.

잡담을 주고받는 아이들 무리 속에서 꼼작도 않는 한 여학생이 있었다. 이 여학생은 아무런 말없이 못이라도 박힌 것처럼 서 있었다. 여학생의 시선은 등수판의 중간 자리, '24등 4반 고은비'라고 적힌 곳에 고정되어 있었다. 은비는 이번 시험에서 자신이 차지한 등수를 확인했다.

'등수가 또 떨어졌어. 이제 어떻게 하지?'

은비는 자신도 모르게 아랫입술을 깨물었다. 은비는 중학교에 입학하고 처음 치른 시험에서 받은 성적이 전교 5등이었다. 은비의 엄마는 조금만 더 노력하면 전교 1등도 할 수 있겠다며 기뻐했다. 하지만 그것이 은비가 지금까지 거둔 성적 중에 최고였다. 은비는 조금씩, 그리고 꾸준하게 성적이 떨어지고 있다. 이번 시험 역시 예외가 아니다.

등수를 확인하고 나자 가장 먼저 싸늘한 엄마의 얼굴이 떠올랐다.

"성적이 또 떨어졌구나. 엄마가 너 공부하는 데 투자를 얼마나 많이 하는지 알지? 너도 네 오빠처럼 되고 싶어?"

귓가에서 엄마의 음성이 들리는 것만 같은 착각이 들었다.

은비의 오빠는 초등학교 때부터 엄마의 기대를 한 몸에 받으며 과외와 학원 수업을 받으러 다녔다. 중학교에 가서도 엄마의 기대에 부응하는 좋은 성적을 받았다. 그러나 감당하기 어려운 공부량과 학원, 과외, 숙제 등의 일정에 오빠는 어느 순간부터 다른 곳으로 눈을 돌리기 시작했다. 학교 수업이 끝나고 빼곡히 있는 이후의 일정들을 무시한 채 친구들과 피시방에 가서 게임을 하는 데 빠졌다. 결국 오빠의 성적은 점점 떨어졌다.

처음에는 오빠를 나무라며 계속해서 잔소리를 하던 엄마도 오빠의 성적이 기대에 훨씬 못 미치게 되자 오빠에게 걸었던 기대를 은비에게로 돌려 쏟아붓기 시작했다. 은비도 엄마가 오빠에게 실망하는 모습에 마음이 아팠던 터라 엄마의 기대에 부응하기 위해 누구보다 애썼다.

실망할 엄마도 걱정이지만 사실은 은비 자신이 더 문제였다. 1학년 때에 비하면 은비는 부쩍 자신감을 잃어버린 상태다. 특히 이번에 1등을 한 현지는, 은비가 전교 5등을 했던 첫 시험 때는 전교 10등 안에도 들지 못했다.

'현지가 노력해서 전교 1등이 되는 동안, 난 뭘 하고 있었지?'

여기까지 생각이 미치자 은비는 억울해졌다. 공부를 하지 않았으면 모를까 누구보다 열심히 시험 준비를 했기 때문이다.

은비는 금방이라도 울음이 터질 것 같아서 황급히 자리를 떴다. 등수판 주변에 몰린 아이들을 비집고 나오다가 은비는 한 남학생과 몸을 부딪쳤다. 평소 같으면 사과를 했겠지만 모두가 자신을 보고 있는 것만 같아서 창피한 은비는 미안하다는 말도 없이 자리부터 피하고 말았다.

"뭐야?"

자기가 와서 부딪쳐 놓고는 도망치듯 가 버리는 은비를 보면서 남학생은 황당한 표정을 지었다. 남학생의 이름은 이영재. 영재는 다음 수업이 체육이라 체육복으로 갈아입고 운동장으로 나가기 위해 현관을 지나고 있었다. 그런데 복도에 말 그대로 구름 떼처럼 몰린 아이들을 보고 저기 무슨 일이 난 건가 싶어 등수판 쪽으로 다가오던 중이었다.

영재의 발치에 반짝이는 휴대전화 장식이 떨어져 있었다. 아무래도 아까 부딪쳤던 그 여학생이 떨어뜨리고 간 것 같다. 휴대전화 장식을 주워 들고 영재는 소리쳤다.

"야, 너 이거 떨어뜨렸어!"

하지만 복도 어디에도 여학생의 모습은 보이지 않았다.

'되게 빠르네…….'

영재는 휴대전화 장식을 체육복 바지에 넣었다.

"자식, 김태희랑 부딪치고 좋아 죽겠냐?"

"뭐라고?"

영재네 반의 일란성 쌍둥이 민호와 정호가 아까부터 쭉 영재를 지켜보고 있었다. 무슨 말인지 몰라 어리둥절한 표정을 짓는 영재에게 민호가 말했다.

"아까 걔, 우리 학교 김태희야. 예쁘고 공부도 잘해서. 저거 봐. 등수판에 이름 있네. 24등 고은비."

"이름이 고은비야?"

영재는 관심 없는 척하면서도 내심 여학생의 이름이 궁금했다.

"왜, 얼굴만큼 이름도 예뻐 죽겠냐?"

민호와 정호는 그 순간을 놓치지 않고 영재를 놀려 댔다. 둘은 큰 소리가 나도록 손바닥을 부딪치며 요란하게 하이파이브도 했다. 그러다가 정호가 영재에게 뜬금없는 질문을 던졌다.

"근데 전학생, 넌 공부 잘하냐? 알고 보니 지난 학교에서 전교 1등 막 이런 거 아냐? 너 몇 등이나 했어?"

<성적 등수>
1.
2.
3.
4.
5.

"맞아, 이름이 영재니까 공부를 엄청 잘해야지. 이름대로라면 못해도 반에서 다섯 손가락 안에는 들어야지. 큭큭."

영재는 뭐라고 대답할지 떠오르는 말이 없다. 사실 영재의 성적은 그저 그런 수준이다. 바닥은 아니지만 그렇다고 어디 가서 공부 잘한다고 말할 수 있는 정도도 아니었다. 성적이 좋을 때나 나쁠 때나 반 석차 15등에서 20등 사이를 오고 갔다.

"그러는 너희 둘은 몇 등이나 하는데?"

뭐라고 대답할지 고민하던 영재가 쌍둥이들의 말을 받아쳤다. 쌍둥이들은 망설이지 않고 이렇게 말했다.

"이 형님들이 쌍둥이 아니냐. 우리는 반 등수도 꼭 붙어 다녀요. 얘가 20등 하면 나는 21등, 얘가 23등 하면 나는 22등! 우리가 이 정도야, 자식아!"

절대로 공부를 잘한다고 할 수 없는 성적이건만 쌍둥이는 뭐가 그렇게 자랑스러운지 큰소리로 떠들었다. 영재는 쌍둥이의 당당함과 뻔뻔스러움에 피식 웃음이 났다.

"그럼 내가 너희보다 한참 앞이야. 난 컨디션 좋으면 반에서 15등도 하거든."

그 말을 들은 쌍둥이들은 영재에게 달려들며 헤드록을 걸었다.

"어쭈, 이 자식이 공부 좀 하네? 그래서 이름도 이영재냐? 엉?"

장난을 치고 있는 영재와 쌍둥이들 옆에 서 있던 아이들은 자기들끼리 이야기를 나누다가 언성을 높였다. 그들은 시험만 끝나면 현관 복도에 등수판이 붙는 것이 내심 마음에 들지 않았다.

"아니, 솔직히 말해서 누구는 50등 안에 들기 싫어서 안 드냐? 이놈의 재수 없는 등수판은 왜 붙이고 난리야!"

한 아이가 이렇게 말하자 여러 명이 동시에 불만을 토로했다.

"내 말이, 교장 웃긴다니까. 어차피 성적 제일 안 나오고 공부 진짜 잘하는 애들은 우리 학교 오지도 않아요. 등수 공개하면 애들이 열심히 공부할 줄 아나? 안 그래?"

여기저기서 아이들이 자기 생각을 이야기하느라 현관은 순식간에 웅성웅성거렸다. 그때 어디선가 아이들의 웅성거림을 단번에 제압하는 크고 우렁찬 목소리가 들렸다.

"그렇게 말하는 너희는 등수판 앞에서 지금 뭐하는 거냐?"

아이들이 일제히 목소리가 나는 쪽을 향해 고개를 돌렸다. 삼십대 후반쯤 되어 보이고 검은색 정장 차림에 넥타이를 맨 남자가 서 있었다. 새로 온 선생님인가? 차림새는 선생님인데 한 번도 본 적이 없는 낯선 얼굴이었다.

키가 큰 남자는 등수판 쪽으로 성큼성큼 걸어 나왔다. 비켜 달라고 하지도 않았건만 아이들은 자연스럽게 길을 터 주었다.

남자의 다음 행동은 아이들을 놀라게 하기에 충분했다. 남자는 큰 키와 긴 팔을 이용해서 벽에 붙은 등수판을 뜯어냈다. 그리고 스티로

폼이 덧대진 등수판의 양쪽 귀를 잡고 힘을 주더니 반으로 쪼개 버렸다. 아이들은 호기심 가득한 눈으로 남자의 행동을 지켜보기만 했다.

'저 아저씨는 누구지? 뭐하는 사람인데 남의 학교에 와서 다짜고짜 등수판을 부수는 거지?'

아이들은 누군가 나서서 물어봤으면 좋겠다고 생각했지만 낯선 남자의 모습이 어딘가 비범해 보여서 평소에 맹랑하고 어른을 대할 때도 거리낌이 없던 아이들조차 선뜻 그가 누군지 물어보지 못하고 있었다. 바로 그때, 어디선가 소심하게 기어들어가는 목소리가 세어 나왔다.

"저기요, 근데 아저씨 누구세요?"

누군가 질문을 하자 기다렸다는 듯 여기저기서 질문이 쏟아졌다.

"울 학교 선생님이세요?"

"등수판은 왜 부순 거예요?"

낯선 남자는 우왕좌왕하는 아이들에게 아무 말 없이 조용히 하라는 손짓을 했다. 평소 같으면 눈도 깜짝 안 할 아이들이 조용해졌다. 갑자기 등장한 낯선 남자의 정체를 알고 싶고 남자가 무슨 말을 할지 궁금했기 때문이다.

"반갑다. 내 이름은 고명석이다. 우리들중학교 출신이고 너희들의 딱 20년 선배다."

"선배님이라고요?"

아이들에게 에워싸인 낯선 남자에게 호기심이 생긴 아이들이 하나, 둘 몰려왔다. 영재와 민호, 정호 쌍둥이도 그 안에 포함되어 있었다.

"그래, 너희들의 선배야. 이번 학기부터 2학년을 맡기로 했어."

"역시 선생님일 줄 알았다" "딱 보니까 새로 온 선생님같더라"라며 아이들은 자기네들끼리 재잘거리기 시작했다. 고명석 선생님은 다시 한 번 우렁찬 목소리로 "자자, 주목!" 하고 소란을 잠재웠다. 그리고 다 부서진 등수판을 한 쪽 손에 들고 나머지 한 손으로 등수판을 가리켰다.

"여러분이 열심히 보고 있던 이 등수판은 내가 학교를 다니던 시절에도 있었다. 그리고 그때 학교를 다녔던 선배들 역시 지금 너희처럼 이 등수판이 붙을 때마다 이렇게 몰려와서 구경을 했지. 지금 너희들 중에 이 등수판에 이름이 올라간 사람이 몇이나 돼지?"

서로의 눈치를 보던 아이들 중에 몇몇이 손을 들었다. 수많은 무리 중에서 채 10명도 안 되는 아이들이었다.

"자, 그러면 이렇게 물어 보자. 다들 여기 등수판에 자기 이름을 올리고 싶나? 여기 오를 정도로 공부를 잘하고 싶은지 묻는 거다."

"당근이죠!"

"세상에 공부 못하고 싶은 사람이 어디 있어요?"

"생각 같아서는 대한민국에서 1등하고 싶어요. 니들은 안 그러냐?"

아이들은 별 희한한 질문 다 듣겠다는 듯이 투덜거렸다.

"그러면 한 가지만 더 물어볼게. 너희들 공부 잘하고 싶은 이유가 따로 있어? 돌아가면서 하나씩 말해 보자."

"성적 오르면 엄마가 뭐 사주니까요."

"엄마 잔소리 안 들을 걸요?"

민호가 이렇게 외치자 정호가 옆에서 대꾸했다.

"그건 네 생각이고. 우리 엄마는 전교 1등 해도 더 열심히 해서 전국 1등 하라고 잔소리할 거야. 큭큭."

그밖에도 아이들은 "공부 잘하면 폼 난다" "애들이 전부 나만 부러워할 거다" "좋은 대학에 가고 돈을 많이 벌 수 있다" "결혼을 잘할 수 있다" 등등의 이유를 하나씩 댔다. 영재는 아까부터 아이들 무리와 조금 떨어져서 자신을 고명석이라 소개한 남자가 하는 말을 듣고만 있었다. 이윽고 아이들의 대답이 끝나고 고명석 선생님이 입을 열었다.

"너희들 대다수가 이 등수판에 이름을 올리지 못했고 또 공부를 잘하지 못한다. 거기에는 여러 가지 이유가 있어. 하지만 가장 중요한 건 너희들에게 꿈이 없다는 사실이다."

아이들은 멀뚱멀뚱하니 고 선생님을 바라봤다.

"금방 다들 공부를 잘하고 싶다고 했지? 또 공부를 잘하고 싶은 이유에 대해서도 다양하게 대답했어. 그런데 너희 중 누구도 공부를 열심히 하고 또 잘해서 꿈을 이루겠다고 말한 사람은 하나도 없다. 이게 무슨 의미인지 아니? 너희에게는 공부를 열심히 해야 하는 확실한 동기가 없다는 뜻이야. 그저 부모님이 하라고 해서, 공부를 잘하면 대학을 잘 갈 수 있어서, 돈을 많이 벌 것 같아서. 이렇게 안일하게 생각하니까 막상 공부해야 할 시간에는 딴 생각이 나고 따분하고 졸리고 집에 가고 싶은 거다. 내가 하는 말이 틀렸니?"

영재는 고 선생님이 꼭 자신의 처지를 다 알고 자기 이야기를 하는 것 같았다.

"그럼, 20년 전에 선생님의 꿈은 뭐였는데요?"

아이들이 일제히 뒤를 돌아봤다. 마른 체형에 눈매가 날카로운 남자아이가 서 있었다. 영재는 전학생이라 아이들 대부분이 영재가 누군지 알지 못했다. 아이들은 고 선생님에게 기세 좋게 질문을 던진 저 남자아이가 몇 학년이고 몇 반인지 궁금했다.

"안 그래도 이제 내 이야기를 하려던 참이었다. 좋은 질문을 했네."

아이들 모두가 고 선생님의 이야기에 귀를 기울였다.

"나는 중학교를 다니는 내내 단 한 번도 등수판에 내 이름을 올린 적이 없었다. 내 성적은 앞에서보다 뒤에서 세는 게 훨씬 빨랐으니까. 그때 나에게는 꿈이 없었어. 꿈은커녕 공부를 잘하고 싶다는 마음도 없었지. 나는 늘 공부를 해야 할 이유가 없는데 왜 학교에 나와야 하는지 몰랐다. 다른 아이들이 모두 학교를 다니니까 나도 다녀야 하고 부모님이 공부하라니까 공부하는 시늉을 하는 나 자신이 스스로 생각하기에도 참 비겁하고 답답했지."

"맞아요! 사실 공부 같은 거 안 해도 된다고 하면 안 할래요."

정호가 선생님 말에 맞장구를 쳤다.

"그래, 나도 그렇게 생각했어. 공부를 해야 하는 이유를 모른 채 앉아 있는 건 정말 힘들었어. 아마 너희도 지금 그럴 거야. 공부해야 한다니까, 공부할 때라고 하니까 하는 거잖아. 그런데 나는 공부해야 하는 이유를 찾기로 했어. 그리고 찾았지. 그때부터 공부를 하고 싶어서 하게 됐어. 너희도 부모님, 친구들, 선생님 이런 걸 생각하지 말고 각자 자신만 떠올려 봐. 그리고 한번 상상해 봐. 공부가 너무 하고 싶고, 그래서 누가 시키지 않아도 열심히 하고, 성적이 잘 나오고 그래서 너희가 평소 꿈꾸던 목표를 이루는 모습을 말이야."

그러자 아이들이 코웃음을 쳤다.

"아, 선생님 진짜! 공부가 너무 하고 싶어서 하는 애는 없다고요! 전교 1등한 애도 공부가 하고 싶진 않을 걸요?"

"맞아요. 공부를 누가 좋아해요? 걔네는 공부가 싫어도 참고 하는 거예요. 우리는 못 참는 거고."

영재는 아이들의 이러한 생각에 고 선생님이 어떤 답을 할지 기다렸다.

"과연 그럴까? 나는 그 생각에 반대한다. 싫은데 참으면서 하는 게 아니라 본인이 하고 싶어서 하는 공부가 진짜 공부야. 그리고 그렇게 좋아서, 재미있어서 공부하는 학생들도 분명히 있어. 물론 너희도 그렇게 될 수 있고."

아이들은 선생님 앞이라 차마 야유를 퍼부을 수는 없었지만 고 선생님의 말을 조금도 믿지 못하겠다는 반응을 보였다.

"내 말이 옳은지, 아니면 지금 너희가 생각하듯이 터무니없는 헛소리인지 알고 싶은 사람은 내가 이 학교에서 어떤 일을 하는지 잘 지켜보길 바란다. 그냥 지켜보는 것 말고 내 말을 믿고 따르고 싶다면 나를 찾아와도 좋아."

아이들은 고 선생님이 무슨 말을 하는 건지 전혀 모르겠다는 표정을 지으며 멀뚱하니 서 있었다.

'자기 입으로 새로 온 선생님이라고 하지만 확인된 것도 아니고 새로 온 선생님이 이렇게 소란을 피워도 되나?' 이렇게 생각하자 어딘지 모르게 고 선생님이 미심쩍어 보이기까지 했다.

'선생님이라는 건 거짓말이고 학습지를 팔거나 학원 원생들을 모으러 온 사람이 아닐까?' 아이들의 생각이 여기까지 미쳤을 때 다음 수업의 시작을 알리는 차임벨이 울렸다. 그제야 아이들은 쉬는 시간이 끝났음을 알고 아쉬워했다.

다시, 한 주가 시작되는 월요일 아침이 되었다. 교실은 몹시 어수선하고 시끄러웠다. 아이들이 이른 아침부터 모여서 과자를 먹거나 스마트폰으로 게임을 하거나 어제 본 드라마 이야기, 연예인 이야기에 열을 올렸다. 만사 다 귀찮다는 듯이 책상에 엎드려서 잠을 자는 아이들도 있었다. 선생님이 교실로 들어오자 아이들은 후다닥 자기 자리로 돌아갔다.

"오늘은 교장 선생님께서 특별히 방송으로 전달할 사항이 있다고 하니까 다들 경청하도록."

아이들은 선생님의 지시 사항을 듣고도 별다른 반응을 보이지 않았다. 그저 교장 선생님이 나와서 따분한 잔소리를 늘어놓겠거니 싶었다. 대신 1교시가 좀 늦게 시작했으면 좋겠다는 바람뿐이었다.

텔레비전 화면이 켜지고 브라운관에 교장 선생님이 나타났다. 교장 선생님은 머리숱이 없어서 아이들 사이에서 '대머리 독수리'라고 불리고 있다. 교장 선생님은 손가락으로 마이크를 톡톡 두드린 다음 '흠' 하고 헛기침을 한 번 했다.

"우리들중학교 2학년 여러분, 아침부터 무슨 특별한 전달 사항이 있나 궁금하죠? 따분한 표정으로 방송을 건성으로 보고 있을 여러분이 눈앞에 보이는 것 같습니다."

아이들은 교장 선생님 말에 속마음을 들킨 것 같아 키득거렸고 여전히 방송에는 관심 없다는 듯이 축 처진 자세로 앉아서 노트에 낙서를 하기도 했다.

"여러분! 그동안 우리들중학교는 훌륭한 학생들을 수없이 많이 배

출했습니다. 저는 여러분 앞에서 자신 있게, 여러분의 선배들이 매우 훌륭한 학생이었다고 말할 수 있습니다. 우리들중학교에는 우리만의 전통이 있었어요. 진지하게 학업에 임하고 성실하게 공부하는 분위기가 우리들중학교를 이끌어 온 원동력이자 전통이었다, 이 말입니다. 그런데 지금은 어떻습니까?"

'어떻습니까?'라고 외치는 대목에서 교장 선생님의 목소리가 너무 격앙되어 갈라지고 말았다.

"삑사리다, 삑사리!"

누군가 이렇게 외쳤고 여기저기서 웃음이 터져 나왔다. 아이들은 교장 선생님의 말을 심각하게 받아들이지 않고 그저 갈라진 목소리가 우습기만 했다. 교장 선생님은 목이 메는지 잠시 침묵했다. 넓은 이마에 땀이 맺혀 반들거렸다.

"그래서 저는 학교장으로서 이번에 특단의 조치를 취하기로 했습니다. 2학년 학생들을 대상으로 이른바 특별반을 모집할 생각입니다. 저는 이 특별반이 우리들중학교를 바꿔 놓을 거라고 기대하고 있습니다. 한마디로 말해 특별반을 통해서 새로운 교육 방식을 도입할 예정입니다. 2학년 학생들을 대상으로 시범 운행할 생각이에요. 2학년 학생들이 얼마나 성과를 내느냐에 따라 우리 학교의 미래가 결정된다는 것을 여러분은 기억하길 바랍니다. 그럼 특별반을 이끌 고명석 선생님을 소개하겠습니다."

영재는 '고명석'이라는 이름을 듣자 반사적으로 고개를 들었다. 복도에 붙어 있던 등수판을 부수고 아이들에게 '너희가 공부를 못하는 것은 꿈이 없기 때문'이라고 말했던 그 선생님이었다.

'고작해야 새로 부임한 선생님일 것이라고 생각했는데 특별반이라니?'

아이들은 슬슬 호기심이 생기기 시작했다. 화면에 나타난 사람의 얼굴을 보니 월요일에 나타났던 그 선생님이 맞았다.

"어? 그저께 봤던 그 아저씨잖아?"

민호, 정호 쌍둥이도 고명석 선생님을 알아봤다.

"여기 계신 고명석 선생님은 우리들중학교 출신으로 여러분의 선배님이기도 합니다. 이번에 우리들중학교에 새로운 교육 시스템을 구축하고자 초청된 분이시죠. 고 선생님은 대학과 대학원에서 교육학을 전공하고 박사 학위를 받았습니다. 선진화된 교육 프로그램을 많이 개발한 분이신데 이번에 모교의 부탁을 받고 어렵게 우리 학교로 오셨습니다. 자, 고명석 선생님의 인사 말씀이 있겠습니다."

고 선생님은 지난 월요일에 그랬던 것처럼 힘 있고 단호한 말투로 아이들에게 자신을 소개했다.

"안녕하십니까, 우리들중학교 2학년 여러분. 방금 교장 선생님께서 소개하신 특별반을 맡아서 이끌 고명석입니다. 저는 교장 선생님의 요청으로 이번 학기부터 우리들중학교에 특별반을 개설하기로 했습니다. 특별반의 이름은 '꿈의 교실'입니다."

'꿈의 교실'이라는 이름을 듣자 영재는 그날 너희들의 꿈이 무엇이냐고 묻던 고 선생님의 모습이 떠올랐다.

"여러분, 머리가 좋은 학생은 성적이 좋을 수 있습니다. 인내심이 강해서 책상에 오래 붙어 있는 학생도 성적이 잘 나올 수 있죠. 여러분들 사이에서 잘 가르친다고 소문난 학원, 유명한 과외 선생님의 도움을 받아도 성적이 오를 수 있습니다. 하지만 여러분, 단순히 성적이 잘 나오는 것과 공부를 잘하는 것은 별개입니다."

고 선생님의 말을 듣고 있는 아이들은 어리둥절했다. 아이들의 머릿속에는 성적이 잘 나오는 아이와 공부를 잘하는 아이는 같은 말이었다. 부모님들도 성적이 잘 나오는 아이를 두고 공부 잘하는 아이라고 했다. 그런데 그 두 가지가 다르다니 이게 무슨 말인가?

"여러분, 성적은 어느 시기에는 올랐다가 또 어느 시기에 떨어질 수 있습니다. 오르락내리락하기 쉬운 것이 성적이죠. 하지만 진정으로 공부를 잘하는 사람은 성적에 구애받지 않습니다. 성적이 좋은 편이지만 등수가 왔다 갔다 해서 불안하다면 그 학생의 공부 방법은 잘못된 것입니다. 따라서 공부를 잘하고 있다고 볼 수 없습니다."

같은 시각 4반에서 텔레비전을 보고 있던 은비는 고 선생님이 하는 말을 듣다가 두 눈을 동그랗게 떴다. 고 선생님이 마치 자신을 예로 들어 이야기하는 것 같기 때문이었다.

“반대로 공부 방법을 제대로 터득하고 공부를 즐기면서 할 수 있는 학생은 성적에 구애받지 않습니다. 이번에 성적이 떨어졌다고 해도 그동안 쌓아 둔 실력이 어디로 가는 것이 아니니까요. 이렇게 한 번 공부 방식을 터득하고 공부하는 습관을 만들고 나면 여러분은 고등학교, 대학교 또 사회에서 어떤 일을 하거나 공부를 하든 그 분야의 최고가 될 수 있습니다. 여러분, 이게 불가능한 일일 것 같습니까?”

아이들은 고명석 선생님이 하는 말이 지나치게 이상적이라는 생각이 들면서도 한편으로는 설득당하고 있음을 인정할 수밖에 없었다. 고 선생님이 말하는 공부 방식을 터득한 사람, 공부 습관을 가진 사람, 실력을 갖춘 사람이 되고 싶음 마음이 굴뚝같았다. 하지만 그게 어디 쉬운 일일까? 그게 쉽게 된다면 이 세상에 공부 못하는 애들은 한 명도 없겠지.

“지금까지 제가 한 이야기에 동감하는 학생은 꿈의 교실로 오십시오. 꿈의 교실에 들어올 수 있는 자격이나 조건 같은 것은 없습니다. 지금까지 성적이 몇 등이었든 상관하지 않겠습니다. 스스로의 힘으로 공부에 도전해 보고 싶은 학생은 누구나 환영합니다. 그런데 일단 꿈의 교실에 들어온 학생들은 지금부터 제가 말하는 두 가지 원칙을 따라야 합니다.”

‘두 가지 원칙?’

고 선생님의 말을 경청하던 영재는 문득 주변이 조용해진 것을 느꼈다. 다른 아이들도 고 선생님이 하는 말에 흥미를 느끼는 것 같았다.

"첫 번째, 꿈의 교실에서는 시험을 치러도 성적을 공개하지 않습니다. 물론 학생 개개인은 시험을 본 후에 자신의 점수가 몇 점인지 알 수 있습니다. 하지만 그뿐입니다. 순위를 매기지도 않고 누가 1등인지 알려 주지 않습니다. 꿈의 교실에서는 성적대로 줄을 세우는 것이 의미가 없기 때문입니다."

"저거 좋은데? 나 저기 들어갈까 봐?"

"근데 등수도 안 매기면서 시험을 뭐 하러 보냐?"

고 선생님이 내놓은 파격적인 원칙에 대한 설명을 들은 아이들은 저마다 농담 반, 진담 반으로 느낀 바를 이야기했다. 영재는 고 선생님이 제시할 두 번째 원칙이 궁금했다.

"두 번째 원칙은 꿈의 교실에서 공부하는 학생들은 학교 수업 외의 과외를 받거나 학원 강의를 수강하는 것을 금지합니다. 저는 사교육이 무조건 나쁘다고 생각하거나 사교육에 반대하는 사람은 아닙니다. 하지만 꿈의 교실은 교장 선생님이 말씀하셨듯이 시범적으로 운영되는 특별반입니다. 특별반에서 공부한 학생들이 누구나 인정할 수 있는 성과를 내야 하기 때문에 학교 수업 이외의 사교육을 금하는 것입니다. 꿈의 교실에서 운영하는 교육 시스템이 얼마나 큰 효과를 거두는지 객관적인 자료로 입증해야 합니다."

아이들은 고 선생님의 말이 떨어지기 무섭게 웅성거렸다.

“저렇게 하면 누가 특별반에 들어 가냐? 과외를 몇 개씩 해도 공부를 잘할까 말깐데.”

“지금 공부 잘하는 애들은 아무도 안 가겠다. 특별반인가 뭔가 망하겠네. 크큭.”

그날, 등수판이 붙어 있었던 현관 복도에 ‘특별반 〈꿈의 교실〉 학생 大 모집’이라는 제목의 공고가 붙었다. 몇몇 아이들은 고 선생님이 허무맹랑하게 큰소리만 치는 사람이라고 하고, 또 다른 아이들은 고 선생님이 굉장히 유명한 교육학자라는 소문을 내고 다녔다. 하지만 많은 아이들은 과외나 학원 수업 수강을 금지한다는 항목 때문에 선불리 특별반에 들어갈 생각을 하지 못했다. 우리들중학교를 다니는 거의 모든 아이들은 학교 수업이 끝나면 학원을 가거나 과외 수업을 들었다. 두 가지를 모두 다 하는 아이들도 꽤 된다.

공부를 잘하는 아이들은 성적을 유지하기 위해서, 혹은 이미 중학교 과정은 다 배웠으니 고등학교 공부를 미리 해 두기 위해서 사교육의 힘을 빌렸다. 성적이 중위권인 아이들은 또 그들대로, 성적이 더 떨어질까 두려워서 학원에 가고 과외를 받았다. 모두가 이렇게 사교육에 열을 올리고 있는데 특별반에 들어가겠다고 사교육을 끊었다가는 성적이 떨어질 게 뻔했다. 지금도 아이들은 앞으로 두세 달 간 배울 내용들을 사교육을 통해서 미리 다 공부해 둔 상태였다. 사정이 이렇다 보니 아이들 머릿속에 사교육을 끊는다는 것은 공부 잘하기를 포기하는 것이나 마찬가지라는 생각이 지배적이다. 꿈의 교실 모집 공고가 붙은 첫날, 신청자는 2학년을 통틀어 단 한 명도 없었다.

"다녀왔어요."

영재는 열 시 가까이 되어서야 집으로 돌아왔다. 학원은 아홉 시에 끝났지만 한 시간 가까이 피시방에서 시간을 보냈다. 영재의 엄마도 영재가 곧바로 집으로 오지 않았음을 알고 있지만 어디에 다녀왔느냐고 묻지 않았다.

영재와 엄마는 대화를 시작하면 어떤 이야기가 오고 갈지 짐작할 수 있다. 엄마는 분명 왜 집으로 바로 오지 않았느냐고 물은 다음에 요즘 학교생활이 어떤지 물어볼 것이었다. 엄마도 영재와 마찬가지로 아들의 공부나 학교생활이 궁금해서 물어도 영재가 제대로 대답하지 않을 것이라고 생각했다. 영재는 엄마의 질문에 건성으로 대답하다가 귀찮은 듯 방으로 들어가 버리기 일쑤였다.

이런 이유로 언젠가부터 영재와 엄마 사이에는 대화가 사라졌다. 아마도 영재가 사춘기에 접어들고 여러 가지 문제를 일으키면서부터 그랬던 것 같다. 초등학생 때는 성적도 좋았고 아이들 사이에서 인기도 많았던 영재는 중학생이 된 후부터 달라졌다. 말수가 줄고 잘 웃지도 않았으며 공부에도 예전처럼 의욕을 보이지 않았다.

엄마는 그것이 당신 탓이라고 생각했다. 아버지를 대신해서 생계를 책임져야 하기 때문에 다른 엄마들처럼 아들과 함께 시간을 보내고 관심을 가져 줄 수 없었다. 엄마는 그래서 영재가 자꾸 엇나가는 것이 아닌가 싶었다.

"영재는 다른 아이들보다 좀 복잡해요. 조용하고 내성적인 것 같으면서도 자기 고집이 세요. 겉으로 보면 아이들과 못 어울리는 것 같은데 실은 스스로가 친구들이 다가오는 걸 거부하고 있어요. 선생님들 입장에서 보면 영재는 다루기 힘든 학생입니다. 한 번 의문을 가진 것을 풀지 못하면 수업에 참여하려고 하질 않으니까요."

엄마는 영재의 이전 학교 담임 선생님이 했던 말을 떠올렸다. 무엇이 문제인 걸까. 사춘기의 일시적인 방황이라면 영재가 다시 마음을 잡고 공부할 날이 올까. 학교를 옮긴 것도 환경이 변하면 영재도 조금씩 달라지지 않을까 하는 기대 때문이었다. 이번 학교에서 적응을 잘하고 있는지 궁금하지만 선불리 물어볼 수도 없었다. 엄마의 시름은 깊어 갔다.

엄마가 밖에서 한숨을 쉬고 있을 때 영재는 책상 앞에 앉아 특별반에 대해서 이야기하던 고명석 선생님을 생각했다.

'그 선생님은 나를 이해할 수 있을까? 제발 누군가가 나를 좀 이해해 줬으면 좋겠어. 내가 무엇 때문에 답답한지, 내가 뭘 고민하는지 전부 털어놓고 싶어.'

영재는 지난 월요일부터 고명석 선생님이 자꾸만 생각났다. 왠지 고 선생님만큼은 자신을 단순히 문제아로 취급해 버리던 다른 선생님들과 다를 것 같았다.

다시 돌아온 월요일 방과 후, 특별반 '꿈의 교실'에 지원한 아이들이 모두 모였다. 교실에는 영재와 민호 · 정호 쌍둥이, 은비와 은비의 절친한 친구 지은이를 포함해서 열여섯 명의 아이들이 앉아 있다. 고명석 선생님과 아이들의 첫 만남이다.

드디어 꿈의 교실의 문이 열렸다.

2

꿈의 교실, 문이 열리다

자기주도학습으로 공부의 맛을 알아가는 특별 프로젝트 리얼 현장 이야기 꿈의 교실

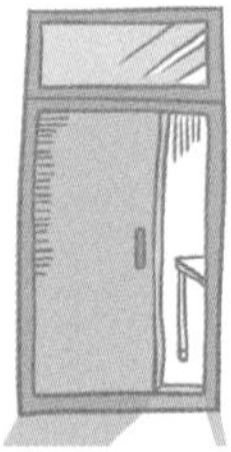

고명석 선생님은 학생들과의 첫 만남에서 태블릿 PC를 설치하고 그림을 그렸다. 처음에는 하얗게 비워져 있던 스크린이 그림으로 채워졌다. 고 선생님은 그림을 설명하면서 아이들에게 할 인사말을 대신했다. '플래닝'의 원리를 그림으로 설명하면서 꿈의 교실의 첫 여정이 시작된 것이다.

"여러분이 오늘부터 친해져야 할 단어들이 있습니다. 로드맵, 플래닝, 투비(to be), 비전, 목표, 이 다섯 가지 단어입니다. 모두 '방향'과 관련된 어휘들이에요.

이것 하나는 꼭 기억합시다. '속도' 보다 중요한 것이 '방향'이라는 것을. '시계'보다 중요한 것은 '지도'이며, '지도'보다 더 중요한 것은 '나침반'입니다.

시계만 보면서 사는 사람은 속도 위주의 삶을 사는 사람입니다. 반면에 지도를 보면서 사는 사람은 속도 위주로 사는 사람보다 느리지만 목적지가 명확하기 때문에 실수와 시행착오를 줄일 수 있겠죠.

우리는 간혹 실수를 합니다. 지도 위에 목적지가 표시되어 있어도 동서남북 방향을 몰라서 지도를 해석하지 못하면 이는 위험한 결과를 낳지요. 사소한 실수는 사소한 실패를 낳지만 인생의 방향을 잘못 선택하는 실수는 돌이키기가 매우 어렵습니다.

이제부터 여러분은 저와 함께 나침반을 보는 법을 배우게 될 것입

니다. 방향을 몰라 헤매지 않기 위해서죠. 저는 방법만 알려 줄 겁니다. 그런 후에 지도와 시계를 맞춰 보면서 방향 찾는 것은 여러분들이 직접, 자기 주도적으로 하게 될 것입니다.

나침반을 보고 지도와 시계를 맞추는 것, 이러한 모든 과정이 플래닝입니다. 플래닝의 단계는 크게 다섯 가지입니다."

고 선생님은 '자기 주도적'이라는 말에 힘을 주었다. 아이들도 '자기주도학습'이라는 말을 여기저기서 많이 들어서 익숙하긴 하지만 자기주도학습이라는 단어의 뜻을 정확하게는 알지 못했다.

고 선생님은 자기주도학습이란, 학습하는 사람이 학습의 주도권을 가지는 것이라고 했다.

"공부를 하다 보면 지금 어떤 부분을 더 공부해야 하는지, 어떤 부분이 취약한지 누구보다 나 자신이 제일 잘 알죠. 자신의 부족한 부분을 어떻게 채울 것인지 학습 목표를 스스로 세우는 겁니다. 그 목표를 이루기 위해 언제, 어떠한 자료를 활용할 것인지도 정해야겠죠. 때로는 누군가의 도움을 받아야 할 수도 있어요. 가능한 모든 조건과 상황을 놓고 어떠한 방식이 나에게 가장 잘 맞는지 전략을 세웁니다. 목표와 전략을 세웠다면 이제 실행하는 겁니다. 누가 시켜서 하는 것이 아니고 내가 필요해서 하는 거죠. 내가 직접 목표를 세우고 구체적인 실행 방법을 만든 거니까 그 일을 이루는 것도 즐겁고 흥미를 가지고 할 수 있지요. 성취감도 훨씬 큽니다."

자기주도학습은 여기서 끝나지 않았다. 선생님은 학습 결과도 스스로 평가해야 그 모든 과정을 내 것으로 만들 수 있다고 했다.

이러한 자기주도학습의 개념에 근거하여 나온 것이 바로 '목표 설정, 전략 수립, 시간 배치, 실행, 피드백'이라는 다섯 가지 플래닝 원리였다.

고명석 선생님은 스크린에 그림을 더 그려 플래닝의 단계를 설명했다. 플래닝의 첫 번째 단계에서는 나침반을 그렸다. 그리고 아이들에게 질문했다.

"여러분은 이게 뭐라고 생각합니까?"

고 선생님의 질문에도 아이들은 대답이 없었다.

"나침반이잖아. 나침반 아닌가요?"

침묵을 깨고 지은이가 대답했다. 그러자 누군가가 그런 지은이를 타박했다.

"누가 저게 나침반인 걸 모르냐? 문제는 저게 뭘 의미하냐는 거지."

"방향을 표시하는 게 나침반이니까, 나침반은 목표 아닐까요?"

은비가 대답하자 아이들의 고개를 끄덕였다.

"맞아요. 나침반은 인생의 목표를 찾아가는 과정에서 꼭 필요한 물건이죠."

두 번째 그림은 전자계산기였다.

"계산기로 계산을 해서 따져 보라는 말인가요?"

아이들의 대답이 맞았다. 계산기는 목표를 어떻게 이룰 것인지에 대해 꼼꼼하게 따지면서 실현할 수 있는 전략을 세우라는 의미였다.

고 선생님은 세 번째 그림으로 시계를 그렸다. 시계 그림은 시간 배치를 의미한다. 네 번째 그림으로는 목표를 향해서 꾸준하게 달려가라는 의미에서 길을 그렸다.

고 선생님은 세 번째로 그린 시계 그림을 가리켰다.

"목표와 전략이 있어도 바로 행동으로 옮기기는 쉽지 않습니다. 행동하지 않은 꿈은 망상에 불과합니다. 자신의 먼 꿈을 현재의 행동으로 옮기기 위해 꼭 필요한 것이 시간 배치입니다. 시간을 효율적으로 배치했다면 이제 실천할 수 있는 모든 준비가 마련된 것입니다."

이번에는 길 그림을 가리켰다.

"계획을 세워 본 학생이라면 잘 알겠지만 계획이 작심삼일로 끝나는 경우가 많죠. 이것을 극복하기 위해서 필요한 것이 바로 '습관'입니다. 행동을 습관으로 연결시키면 계획이 오래갈 수 있고 좋은 결과를 낼 수 있답니다."

고 선생님은 마지막 다섯 번째로 '피드백'을 상징하는 이미지인 거울을 그렸다. 아이들은 거울이 무엇을 의미하는지 모르겠다는 표정을 지었다.

"힌트를 하나 주겠습니다. 거울의 용도가 뭐죠?"

"자기 모습을 보고 싶을 때 써요."

"바로 그겁니다. 거울은 피드백을 상징해요. 앞으로 여러분은 거울을 통해 자신을 바라보듯이 피드백을 통해서 자신의 노력을 점검하게 될 것입니다."

고 선생님은 특히 이 부분을 강조하며 말을 이어 갔다.

"피드백에 대해서 많은 학생들이 오해하는 점이 있습니다. 피드백은 후회를 위한 반성이 아닙니다. 성장하면서 나아갈 부분을 찾는 것이죠. 잘못된 습관이나 놓친 부분을 확인하고 다음에는 고치려고 시도하고 노력하는 과정입니다. 잘못된 전략이나 목표를 이루는 데 방해가 되는 부분을 확보하고 분석하여 개선해 가는 것입니다. 앞으로

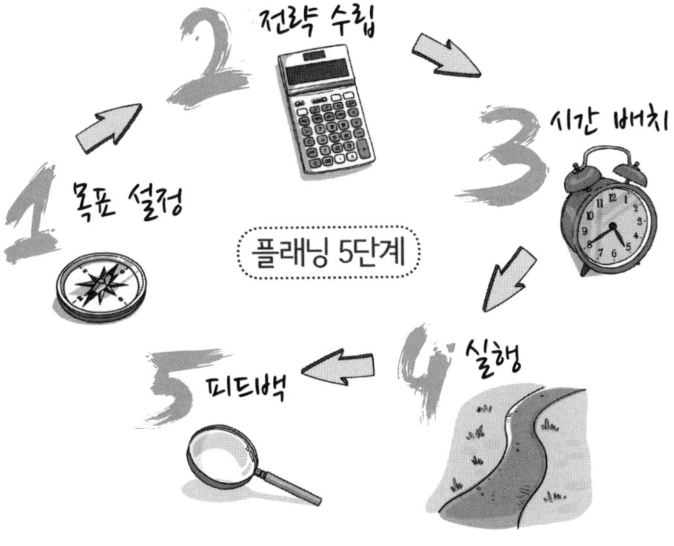

우리가 하는 모든 활동 중에서 가장 중요하게 여겨야 할 것이 바로 '주간 피드백' 활동입니다."

고 선생님은 플래닝의 다섯 단계와 원리를 설명하는 그림을 프린트해서 개별 바인더와 함께 아이들에게 나누어 주었다.

"여러분에게 나누어 준 바인더가 지금은 텅 비어 있지만 앞으로 바인더는 여러분의 노력과 결실로 꽉 들어차게 될 것입니다. 그때 여러분은 지금의 여러분과 확연하게 달라져 있을 거라고 믿습니다. 여러분도 그렇게 믿으세요. 꿈의 교실은 자신을 믿는 데서 시작합니다."

꿈의 교실에 지원한 아이들은 나름대로의 각오가 있었다. 지금까지의 성적은 그저 그랬지만 앞으로는 달라질 것이다. 어쩌면 이번이 공부 잘하는 학생으로 거듭나는 마지막 기회일지도 모른다는 굳은 의지를 가진 마음이었다.

하지만 고 선생님의 논리 정연하고 체계적인 설명을 열중해서 들으면서도 아직은 얼떨떨했다.

'공부하는 습관이 없는 내가 저렇게 체계적으로 목표를 정하고 계획을 세우고 공부 습관을 키울 수 있을까?'

아이들의 머릿속에 저마다 크고 작은 물음표가 하나둘 생겨났다.

그때 교실 문을 두드리는 소리가 조그맣게 들렸다.

"들어오세요."

고 선생님이 대답하자 문이 천천히 열렸다. 고등학생쯤 될까? 아이들 또래처럼 보이고 체구가 작은 사람이 교실로 들어섰다.

"김 선생님, 이 아이들이 우리가 맡을 아이들입니다. 인사하세요."

'선생님이라고?'

아이들은 고 선생님의 말에 눈이 휘둥그레졌다. 그냥 보기엔 고등학생, 기껏해야 대학생쯤으로 보이는데 선생님이라니?

"얘들아. 안녕. 반가워. 나는 김지원이야. 너희들의 플래닝 전담 선생님이야."

고명석 선생님의 강하고 딱 부러지는 설명을 듣다가 쭈뼛거리며 인사하는 선생님을 보자 아이들은 일시에 긴장이 풀어지는 것 같았다. 어쩐지 고 선생님은 무섭지만 저 김 선생님이라는 분은 만만하게 대해도 될 것 같다는 생각이 들었다. 아이들이 속으로 이런 영악한 계산을 하고 있는 걸 아는지 모르는지 아이들이 환영의 의미로 박수를 치자 김지원 선생님은 해맑게 웃었다.

그리고 바인더 속을 채울 인쇄물을 나누어 주었다. 인쇄물에는 일년 약속, 한 달 약속, 하루 약속이 적혀 있었다.

매일, 매달, 1년 동안 지켜야 할 약속이 이렇게나 많다니. 특히 매일 꼭 지켜야 할 약속을 보자 아이들은 엄두가 나지 않았다. 아이들은 새 학기만 되면 '학교 끝나고 학원 마친 다음에 집에 가서 한 시간 더 공부하기'와 같은 계획을 세워 봤지만 제대로 지킨 적이 한 번도 없었다. 잘 해야 일주일, 정말 열심히 노력하면 한 달이나 갈까. 그 후

> 꿈의 교실의 약속

일 년 약속

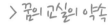

- '꿈 페스티벌'을 통해 '장기 로드맵' 세우기
- 3월과 9월에는 '학기 공부 로드맵' 세우기
- 내신 시험 3주 전 '시험 플래닝'
- 방학 1주 전 '방학 플래닝'

한 달 약속

- 금요일 마지막 수업 후에 주간 피드백
- 플래너 항상 휴대
- 수업에서 배운 내용을 바인더에 정리, 모음
- 공부 바인더의 내용은 일주일에 한 번 세부 바인더로 정리
- 시험 후에 시험 피드백 실시
- 진로가 같은 친구들과 방과 후 모임

하루 약속

- 1교시 전에 할 일: 하루 플래닝, 5분 예습(오늘 배울 과목에 대한 질문 만들기)
- 수업 중에 추가 질문 하나 더 만들기
- 수업 직후에 2분 복습하기
- 수업 끝나고 그룹별로 또래 지도(Peer Tutoring)
- 하교 후에 오늘 수업한 내용 과목별로 15분씩 복습
- 자기 전에 하루 플래닝 피드백하기

에는 흐지부지해지고 마는 게 보통이었다. 그런데 이 많은 약속을 매일 지키라니.

아이들은 '약속을 어떻게 다 지키지?'라는 고민이 들자 위기 상황에 처하면 언제나 그랬듯 머리를 굴리기 시작했다.

'아이들이 열여섯 명밖에 안 되긴 하지만 한두 명도 아니고 이렇게 많은 약속을 선생님이 어떻게 일일이 다 체크하시겠어? 못해, 못해.'

'선생님도 검사하다가 안 하다가 하겠지. 그럼 그때그때 맞춰서 해오면 되지 않을까? 게다가 저 선생님은 무섭게 생기지도 않았는데 뭐.'

특별반에 들어온 뒤로 아이들은 플래닝, 피드백이라는 단어를 수 없이 들었다. 하지만 고명석 선생님과 김지원 선생님, 두 선생님이 플래닝의 중요성을 강조하는 것과 달리 아이들은 플래닝을 그다지 중요하게 여기지 않았다. 자발적으로 약속을 지키기보다는 선생님들이 시키니까, 꼭 해야 한다니까 그냥 하는 수준에 그쳤다.

그러자 처음에는 노력하는 시늉이라도 하던 아이들이 3일도 못 가서 매일 지켜야 할 약속을 어기기 시작했다. 그들 중에는 처음부터 약속을 지키지 않던 싸움 짱 정규도 있었다. 특별반이 교내 문제아이들을 모아 놓은 반이라는 오해를 받는 데에는 정규의 역할이 컸다. 정규는 순전히 원래 있던 반의 담임 선생님이 마음에 들지 않는다는 이유로 특별반에 지원했다. 플래닝이나 예습, 복습 같은 것에는 조금도 관심이 없었다.

정규가 선생님을 두려워하지 않은 것은 꽤 오래 전부터다. 혼내면 혼나면 되고 벌점을 주면 받으면 그만이었다. 처음에는 선생님들도 그런 정규를 나무라고 고쳐 보려 했지만 어느 순간부터는 정규에게 신경을 쓰지 않았다. 수업 시간에도 자고 선생님이 뭐라 해도 듣지 않는 정규를 선생님들도 불편해했다. 정규는 내심 서운한 마음도 들었지만, 어차피 학교생활을 중요하게 생각하지 않았기에 상관없었다. 방과 후면 친구들과 어울리고 밤새 게임을 하고는 학교에서는 엎드려 잠만 잤다. 아이들은 그런 정규가 무섭기도 하고 정규 때문에 학습 분위기가 엉망이 될까 걱정이 되기도 했다.

금요일의 마지막 수업이 끝나고 주간 피드백 시간이 돌아오자 아이들은 웅성거렸다.

"아, 어쩌지? 나 이번 주 플래닝 하나도 안 지켰어."

"나도 마찬가지야. 선생님이 혼내시려나? 근데 김지원 선생님은 아무리 화내도 하나도 안 무서울 것 같아. 크크."

"겁 주든가 점수를 깎든가 하겠지. 그 목소리로 혼내 봤자 정규 같은 애는 눈도 깜짝 안 할 걸?"

아이들의 말이 끝나기가 무섭게 김 선생님이 교실로 들어왔다. 언제나처럼 방긋방긋 웃는 얼굴이었다.

"얘들아, 피드백 시간은 우리가 플래닝한 것을 지키기 위해 한 주

동안 얼마나 노력했고 또 그 노력이 어떤 성과를 낳았는지 확인하는 시간이야. 그리고 그보다 더 중요한 이유가 있어. 굳이 이렇게 시간을 내서 피드백을 하는 건 다음 주에는 지금보다 한 걸음 더 성장하기 위해서야. 이번 주에 부족하고 잘못된 점을 바로 알고 고쳐야 다음 주에 더 잘할 수 있겠지? 그럼 한 사람씩 일주일 동안 자기가 한 것에 대해서 발표해 보자."

선생님의 일방적인 검사가 이루어질 것이라고 예상했던 것과 달리 김지원 선생님은 아이들 한 명, 한 명에게 발표를 시켰다. 은비를 비롯해 계획한 것을 거의 완벽하게 해낸 아이들의 발표가 이어졌고 김 선생님은 아이들을 칭찬했다. 하지만 계획한 바를 다 지켰다고 해도 칭찬만 하고 피드백이 끝나는 것은 아니었다. 김지원 선생님은 반드시 계획 자체의 잘못된 점은 없는지 꼭 물어보고 넘어갔다. 그래야만 계획의 부족한 부분을 수정하고 다음 주에는 더욱 훌륭한 전략을 세울 수 있기 때문이다.

다음은 정규 차례였다. 정규는 예상했던 대로 플래닝도 하지 않고 실천도 하지 않았다. 정규는 그 사실을 당당하게 말했다.

"저는 아무것도 안 했어요."

"이유가 있니?"

"귀찮아서요."

아이들은 속으로 일제히 '대박이다!'를 외쳤다.

"공부가 귀찮았다고?"

"네. 그리고 어차피 책도 안 들고 다녀요. 전부 사물함에 넣어 두거든요."

정규의 말을 듣고도 선생님의 표정과 목소리는 변하지 않았다.

"정규야, 그러면 너는 가방에다 공부할 책을 넣고 다니는 습관부터 만들어야겠다. 그치?"

잔뜩 혼날 준비를 하고 있던 정규도 김 선생님의 말을 듣고 두 귀를 의심했다. 그래서 자기도 모르게 이렇게 대답했다.

"예? 그건…… 봐서요."

김지원 선생님은 열여섯 명 아이들 중 누구에게도 화를 내지 않았다. 컴퓨터 게임을 했다는 말도, 아이돌 가수의 공개방송 때문에 하루 종일 줄을 서 있었다는 말도 김 선생님은 진지하게 들어 주었다. 먼저 아이들의 이야기에 귀를 기울이고 그 마음을 공감해 주었다. 그리고 어떻게 하면 계획을 실천할 수 있을지 함께 고민하고 다음 주 계획에 도움이 될 만한 조언을 해 주었다. 아이들은 자신의 이야기를 진심으로 들어주는 김 선생님에게 마음을 열기 시작했다. 그리고 피드백에 대해 가볍게 생각하고 숙제쯤으로만 여겼던 아이들은 왜 이러한 시간을 가져야 하는지 그 의미를 조금은 알 것 같았다.

다른 선생님과 부모님들은 공부를 하지 않으면 이유와 상관없이 무조건 야단부터 치는 게 순서였다. 왜 공부를 못 했는지는 묻지도

않았다. 공부해야 할 시간에 다른 것을 하고 놀았으니 어떠한 이유도 용납되지 않았다. 오히려 변명이나 늘어놓는다고 더 크게 혼나는 일이 부지기수였다.

하지만 김지원 선생님은 달랐다. 아이들은 자신의 마음을 이해해 주는 선생님께 마음을 열기 시작했다. 그리고 피드백을 통해 자신을 이해하고 어떻게 개선할지 선생님과 논의한 후 그에 맞춰 플래닝을 짜 나갔기 때문에 지키는 일도 그리 어렵지 않았다.

"이래서 피드백이 중요한 거예요. 내가 시간을 어떻게 쓰는지, 더 효율적으로 공부하려면 어떻게 해야 하는지를 객관적으로 볼 수 있거든요. 다음 주에는 여러분 모두가 플래닝한 목표를 달성할 수 있길 바랍니다."

피드백 시간이 끝났다. 영재는 김지원 선생님에게 깊은 인상을 받았다. 선생님에게 동등한 권리를 가진 사람으로 인정받는 느낌이었고 선생님은 우리가 각자 세워 놓은 목표까지 도달할 수 있도록 이끌어 주는 협력자라는 생각이 들었다. 아이들도 더 이상 김 선생님이 만만하다거나 거짓말로 대충 넘겨야겠다는 말은 하지 않았다.

피드백 시간을 갖기 시작한 지 어느덧 3주가 흘렀다. 김지원 선생님은 언제나처럼 미소를 잃지 않고 아이들 한 명, 한 명의 한 주간의 학습 결과를 체크했다.

드디어 정규 차례가 돌아왔다. 정규는 책상 위에 수학 교과서를 올려놨다.

"계획한 걸 다 풀진 못했어요."

아이들은 모두 깜짝 놀랐다. 정규가 책을 가지고 다닌다는 것만으로도 보통 사건이 아니었다. 그것은 정규 스스로 생각해도 놀랄 만한 일이었다. 정규는 교과서가 어디 있는지, 왜 책을 가지고 다녀야 하는지 모르는 아이였기 때문이었다.

선생님들이 혼내면 잠시 혼나기만 하면 그만이라고 생각했던 정규는 첫 피드백 시간에 교과서조차 들고 다니지 않는다는 자신의 말에도 혼내기 보다는 좋은 방안을 제시하려고 하는 김 선생님에게 마음이 조금 움직였다. 또한 아이들이 각자 자신의 피드백을 발표하고 개선점을 나누면서 친구들에 대한 관심도 생겨났다. 그러면서 정규는 자기도 어떻게 계획을 세우고 적용하면 좋을지 떠오르기 시작했다.

아직 계획을 제대로 지키지는 못하지만 그래도 하나하나 해나가니 생각보다 재미있었다. 학교는 그냥 왔다가는 곳이라고 생각했고 마음을 열지 않았는데 이제는 선생님과 친구들도 더 이상 멀게 느껴지지 않았다. 참여하고 싶은 마음이 생긴 것이다.

"정규도 이제 책 잘 가지고 다니는 거지?"

김지원 선생님이 기뻐하자 정규는 별것도 아닌 일에 주목을 받는 것 같아 쑥스러웠다.

"네, 선생님이 하도 집요해서……."

정규의 말에 아이들은 일제히 웃음을 터뜨렸다. 김 선생님도 정규가 하는 말이 무슨 뜻인지 잘 알고 있었다.

"그래, 맞아. 정규 말대로 선생님이 좀 집요해. 하지만 정규야, 누군가가 혼내서 마지못해 변하는 것과 정규 네 자신이 스스로 변하는 건 하늘과 땅 차이야. 선생님은 네가 변할 수 있다고 믿어. 앞으로 더 잘할 거지?"

여전히 대답은 하지 않았지만 정규는 김지원 선생님을 향해 미소를 지었다. 정규는 이제 자신에게도 미약하게나마 책임감이 싹트는 것을 느꼈다. 그래서 다음 주에는 계획한 것을 모두 해 봐야겠다고 마음먹었다.

3

마음을 여는 멘토링

자기주도학습으로 공부의 맛을 알아가는 특별 프로젝트 리얼 현장 이야기 꿈의 교실

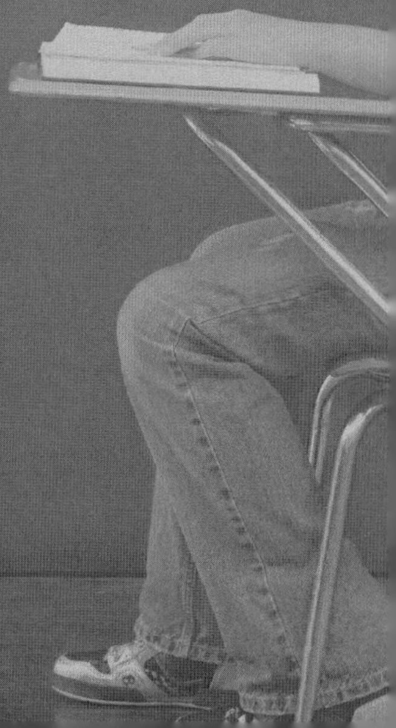

그동안 공부에 관심이 없던 아이들이 꿈의 교실에 들어왔다. 은비를 제외하고는 전부 성적이 별로 좋지 않은 아이들이다. 공부에서 손을 놓은 지 꽤 오래되었을 정도다. 상황이 이러니 꿈의 교실의 수업 분위기는 어수선하고 산만했다. 아이들은 수업을 들어도 내용을 이해하지 못하고 수업 내용에 흥미를 갖지 않았다. 자연히 수업은 따분했고 따분함은 곧 잡담이나 장난, 딴짓으로 이어졌다.

"킥킥"

"큭큭큭"

"야, 나도 좀 보여 줘."

쉬는 시간이나 아침 플래닝 시간, 심지어 수업 시간에도 딴짓을 하는 아이들이 하나둘 늘어났다. 쌍둥이들은 특별반에서 만나 친해진 친구들과 붙어 앉아 작은 소리로 키득거리고 만화책을 돌려 봤다. 영재는 창밖만 보았다. 지은이는 수업이 진행되는 45분간, 단 한 번도 칠판을 보지 않고 고개를 숙인 채 낙서만 했다. 정규는 늘 하던 대로 맨 뒷자리에 앉아 책상에 엎드려 잠을 잤다.

학교에서 꿈의 교실의 산만하고 불성실한 수업 분위기를 문제 삼기 시작했다. 더불어 고명석 선생님의 자질이 도마 위에 올랐다. 몇몇 선생님들은 특별반이 이대로 가다가는 학생들에게 새로운 교육 시스템을 적용하는 시범 케이스가 아니라 문제아만 모이는 열등반이 되고 마는 것 아니냐고 지적하기도 했다.

고명석 선생님은 이제 본격적으로 수업 성공 프로그램을 시작할 때가 됐다고 생각했다. 지난 몇 주간은 자기주도학습을 소개하고 익히게 하는 데 가장 중요한 플래닝 프로그램에 집중해 왔다. 매주 피드백을 해본 결과 꿈의 교실 아이들이 조금씩 자신의 삶에 대해 주도력이 생겨나고 있었다.

이제는 아이들이 수업에 집중할 수 있도록 바로 잡아 주어야 할 때였다. 이것은 고 선생님의 아주 오래된 소신이기도 했다. 공부를 잘하기 위해서는 학교 수업을 잘 듣는 것이 가장 중요하다.

하지만 안타깝게도 현실은 고 선생님의 소신과 정반대였다. 아이들은 수업 시간에 딴짓을 하거나 졸았다. 수업을 듣는 것 같지만 머

릿속은 다른 생각으로 가득 차 있었다. 그런데 이것은 비단 꿈의 교실만의 문제는 아니었다. 꿈의 교실이 특별반이라 이목을 끌고 있어서 그렇지 다른 교실에 가도 상황은 비슷했다. 수업 시간에 수업에 적극적으로 참여하는 아이를 찾아보기가 어려웠다. 교실에 앉아 있는 전체 아이들 중에 고작 10퍼센트 정도만이 수업을 열심히 듣고 있었다.

"그렇게 수업 내용을 놓치면 어떻게 진도를 따라가니? 불안하지 않아?"라고 물으면 아이들은 이렇게 대답했다.

"공부는 학교 끝나고 학원에서 하면 돼요."

"과외 선생님이랑 다 배운 내용인데요, 뭘. 시험 때 되면 또 복습할 거고. 지금 아니라도 들을 기회는 많아요."

아이들이 크게 착각하고 있었다. 학교 수업에서 실패한 학생은 학원 수업에서도 실패할 수밖에 없다. 공부에 있어서 가장 중요한 것은 습관이기 때문이다.

실제로 공부를 잘하는 학생들은 절대로 학교 수업을 놓치지 않는다. 그들은 하루 중 대부분의 시간을 차지하는 학교 수업을 열심히 듣고 최대한 많은 지식을 확보한다. 수업 시간의 일 분, 일 초도 허투루 보내지 않는다. 이것이 공부를 잘하는 아이들의 단순하면서도 명료한 비결이다.

그렇다면 공부를 잘하는 아이들은 어떻게 해서 그 긴 시간 동안 수업에 집중할 수 있는 것일까? 남들보다 집중력이 뛰어나기 때문에? 아니면 인내심이 강하기 때문에? 물론 인내심을 발휘하면 지루함을 참고 수업에 집중할 수 있다. 하지만 처음 몇 시간은 가능하겠지만, 하루 종일 인내심만으로 버텨낼 수는 없다. 길고 긴 수업 시간에 몰두하려면 '흥미'가 있어야 한다. 흥미가 학교 수업을 성공으로 이끄는 열쇠다.

이제부터 고 선생님은 만화책을 돌려 보고 잠을 자고 창밖을 보고 그림을 그리는 아이들에게 수업은 흥미 있는 시간이라는 것을 느끼게 해주어야 했다. 수업에 집중하다 보면 뒤에 어떤 내용이 나오고 무엇을 배우게 될지 궁금해서 다른 것에 한눈팔지 못하도록 말이다.

고명석 선생님은 교실로 가서 칠판에 이렇게 썼다.

'LAUA 프로젝트.'

아이들은 선생님이 또 무슨 일을 꾸미는 건가 궁금한 눈빛이었다.

"자, 오늘부터 이 프로젝트를 실행하면 여러분은 수업 시간에 졸거나 딴짓을 하거나 딴생각을 하는 일이 없을 겁니다."

아이들은 선생님의 말이 미덥지 않았다. 자신들이 수업을 등한시한 것은 어제오늘 일이 아닌데 그것을 하루아침에 바꾸겠다니. 선생님이 뭘 잘 모르고 있다는 생각까지 들었다.

고명석 선생님은 대문자 L에 이어서 알파벳을 더 적었다. 그러자

'Listening'이 완성되었다. 대문자 A에 이어서는 'Asking'을, U에는 'Understanding', A의 뒤에 'Answer'라고 적었다.

"이게 바로 학교 수업 성공의 네 가지 원칙입니다. 이 네 가지를 반드시 기억하고 순서대로 행해야 돼요. 먼저 Listening이 뭐죠?"

"듣기요."

"우리말로 듣기가 맞긴 한데 좀 더 설명이 필요합니다. 누가 이 Listening과 비슷한 단어 아는 사람?"

"Hearing이요!"

"그럼 Listening과 Hearing의 차이를 아는 사람?"

아무도 나서지 않았다.

"무심히 보면 두 단어 모두 '듣기'를 의미하지만 뜻이 다릅니다. 우선 Hearing은 그냥 듣는 거예요. 수업 중에 밖에서 새가 우는 소리, 옆자리 친구가 떠드는 소리, 전부 그냥 들리는 것들이죠. 이렇게 들리는 소리를 듣고 있는 게 Hearing입니다. 반면에 Listening은 적극적으로 듣는 걸 뜻합니다. 이게 무슨 뜻일까요?"

"들으려고 애쓰는 거요."

"그렇죠. 들으려고 애쓰는 게 집중이죠. 의미를 파악하고자 집중해서, 주의 깊게 듣는 것이 Listening이에요. 여러분이 수업 시간에 해야 할 첫 번째 과정입니다."

"처음에는 집중하려고 애쓰다가도 나중에는 딴 생각이 나요."

"그래서 다음 단계 Asking이 필요한 겁니다. 우리가 수업 중에 듣는 내용이 그날 다 이해되는 게 아니잖아요? 아무리 공부를 잘하는 학생도 이해가 되지 않는 부분이 있어요. 그럴 때 질문을 해야 합니다. 만약 질문을 못하게 되면 궁금한 것을 노트 한 쪽에 적어 둡니다."

"그 다음은요?"

"그날 안에 Understanding하는 시간을 가져야죠. 책을 찾아보고 친구에게 물어보고 선생님께 따로 질문을 드려도 되고. 어떤 방법이든 좋아요. 그러면 어느 순간, '아! 내가 이걸 모르고 있었구나!' 하면서 머릿속이 번쩍할 거예요. 자, 그럼 이해를 했으니까 공부는 여기서 끝? 그만하면 됩니까?"

"네!"

"정말 그렇습니까? 확실해요?"

"이해했으면 공부가 끝난 거잖아요."

아이들은 마지막에 적힌 Answer가 왜 필요한지 모르겠다는 표정이었다.

"선생님, 전부 이해했는데 뭐에 대해서 대답을 해요?"

민호가 대표로 나서서 질문을 했다.

"여러분, 시험 볼 때 분명 알던 문제인데도 확신이 없어서 답을 잘못 고른 적 있죠? 그건 확실하게 알지 못했기 때문입니다. 한 번 이해했다고 해서 완벽하게 공부한 건 아니죠."

| LAUA 체크표 |

LAUA 이번 주 목표 : 이번 주는 꼭 하루에 한 번 이상! 질문하기!!!

교시	Monday					Tuesday					Wednesday				
	과목		자세		느낌	과목		자세		느낌	과목		자세		느낌
1	사회		O		예효~ 떨려서 질문을 못해	체육		O		오늘은 배구공 패스하기	컴퓨터		△		내가 엄청 좋아하는 과목인데 오늘은 왜 이렇게 집중이 안됐지?
	L	A	O	X		L	A	X	O		L	A	O	X	
	U	A	O	O		U	A	O	X		U	A	O	X	
2	영어		O		너무 완벽히 공부해서 집에 가서는 쉼	사회		O		사회샘 넘 조아!!					
	L	A	O	O		L	A	O	O		L	A			
	U	A	O	X		U	A	O	O		U	A			
3	수학		O		질문 거리가 없다...	기가		O		역시 옷 만들기는 재밌어~	영어		O		이제 하루만 더 버티면 돼! ㅋ
	L	A	X	X		L	A	X	O		L	A	X	X	
	U	A	O	O		U	A	O	X		U	A	O	O	
4	국어		△		국어를 어떻게 극복하지?	영어		O		영어! 꼭 정복할테다!	과학		O		집에서 설명하기도 했으면...
	L	A	X	X		L	A	X	X		L	A	X	X	
	U	A	O	X		U	A	O	O		U	A	O	O	
5	과학		△		나름 괜찮았다.	수학		O		오~ 질문도 하고 멋져 멋져!	미술		△		풍경화는 너무 재미없어
	L	A	X	O		L	A	O	O		L	A	X	O	
	U	A	O	O		U	A	O	O		U	A	O	X	
6						과학		O		졸음을 떨치고자 노력 짱!					
						L	A	X	X						
						U	A	O	O						
7						국어		△		국어...너를 어찌하면 좋냐 ㅠ					
						L	A	X	X						
						U	A	△	X						

"그래서 다시 질문하고 답을 하라고요?"

"그렇죠. 이해했다고 해서 이제 공부가 끝났다고 생각하면 안 돼요. 점검 차원에서 스스로에게 질문을 하고 그 질문에 Answer를 하면서 완전히 내 것으로 머릿속에 저장하는 거죠.

좋은 방법은 누군가에게 설명해 주는 것이에요. 설명하면서 자신도 다시 한 번 되새기게 되지만, 무엇보다 이해를 해야 설명할 수 있거든요. 마땅히 설명할 사람이 없다면 인형에게라도 해보세요. 그럼 그 내용이 잘 이해되고 정리되어 내 것이 될 거예요."

"선생님, 설명으로는 쉬울 것 같지만 막상 하려면 힘들 것 같아요."

"해보기 전에는 그렇게 생각하지만 이 중 하나라도 시작해 보면 생각이 달라질 겁니다. 결국 LAUA라는 것도 하나의 습관이에요. 여러분, 습관이 얼마나 무서운지 알죠? 늦잠 자는 것 좋아하고 지각하는 게 습관이 되면 고치기 엄청 힘들잖아요? 오늘부터 습관의 성질을 이용합시다. LAUA도 습관으로 굳어지면 나중에는 애쓰지 않아도 저절로 하게 되어 있어요."

'습관을 만들어 버리면 가능할 수도 있겠다.'

이렇게 생각하니 어쩐지 LAUA 프로젝트에 기대가 생겼다.

LAUA 프로젝트와 더불어 고명석 선생님이 심혈을 기울여서 진행 중인 프로젝트가 하나 더 있었다. 바로 일대일 멘토링이다.

드디어 영재에게도 멘토링 순서가 돌아왔다. 영재는 고 선생님과 단둘이 대화할 이 시간을 오래전부터 기다려 왔기 때문에 멘토링 기회가 찾아온 것이 기뻤다. 고 선생님께 그동안 답답하고 막혔던 마음을 쏟아 놓으면 가벼운 마음으로 다시 일어설 수 있을 것 같았다.

하지만 한편으로는 어떤 이야기를 듣게 될지 몰라서 두렵기도 했다. 솔직하게 마음을 털어놓았다가 실망하시진 않을지, 혹은 나무라진 않으실지 걱정이 됐다. 자기도 모르게 신경이 예민해지고 긴장감이 몰려왔다.

고 선생님은 멘토링에 들어가기에 앞서 긴장한 영재에게 그림 한 장을 보여 주었다.

"이게 무슨 그림이에요?"

"나무에 아이들이 올라간 것을 그려 놓은 거야. 총 열 명의 아이들이 있는데 아이들의 위치나 동작이 저마다 다 달라. 그림을 보고 느낀 점에 대해서 이야기해 보자. 선생님은 ⑩번 친구가 눈에 들어와. ⑤번 친구처럼 뭔가 새로운 곳으로 더 높이 올라가고 싶은데 지금은 다른 사람들을 힘겹게 떠받치고 있는 것 같은 생각이 들거든. 영재, 너는 어떠니?"

"뭐가요?"

영재는 자신도 모르게 선생님을 쏘아봤다.

"그림 말이야. 한번 들여다봐."

1
2
3
5
6

4
8
7
9
10

"들여다보면요? 이걸 보고 이야기하면 제가 달라지나요? 선생님께서는 왜 제가 달라져야 한다고 생각하세요?"

고 선생님은 당황하지 않고 영재의 눈을 똑바로 봤다.

"네가 변화를 원하니까."

"제가요?"

"그래. 넌 이렇게 삐딱하게 말하고 행동하지만 실은 달라지고 싶어해. 그래서 꿈의 교실에 찾아온 거잖아. 아니니?"

영재는 선생님에게 속마음을 들킨 것만 같았다. 잠시 고개를 숙이고는 그림을 바라보았다.

"선생님, 저는 ❸번이 좋아요."

"왜?"

"멋있잖아요. 칼을 들고 정상에 올라 멀리 바라보고 있어요."

고 선생님은 잠시 생각에 빠졌다.

"내가 보기에도 영재는 ❸번이랑 어울려. 다른 친구들을 이끄는 힘도 있는 것 같고. 그럼 이번에는 마음에 드는 그림 말고 지금 영재 너의 학교생활과 집에서의 일상하고 비슷하게 보이는 그림도 있니?"

영재는 한동안 말없이 그림을 들여다봤다.

"학교생활은 ❹번이고요. 학교가 아닌 곳에서는 ❽번이요. 저는 학교에 오면 숨이 막혀요. 특히 지난 번 학교에서 그랬어요. 다른 아이들은 다들 잘만 지내는데 저만 이방인 같았어요. 그래서 늘 혼자였고 학교에 오면 숨이 막혔어요. 그래서 일부러 남들과 다르게 행동하고 싶었고요."

고 선생님은 영재가 그간 속마음을 털어놓고 싶어 했음을 알 수 있었다. 선생님은 영재가 더 편하게 대답할 수 있도록 배려하면서 질문을 이어갔다.

"⑧번은 어때 보여?"

"학교가 싫어도 저에게는 이 학교가 마지막 희망이에요. 지난 번 학교에서 적응을 못하고 도망치다시피 했고 이 학교에도 벌써 소문이 나기 시작했어요. 그래서 엄마가 걱정이 많으세요. 엄마에게는 잘할 수 있다고 걱정하지 말라고 했지만 사실은 같은 시간이 반복될까 두려워요. 잘할 자신이 별로 없어요. 학교를 그만두는 게 답이 아니라는 걸 알아요. 무작정 학교를 그만둔 친구들이 어떻게 되었는지도 알고요. 그래서 저는 지금 이 그림처럼 불안하게 줄 하나에 매달려 있어요. 이건 정말 딱 저예요."

"그래, 고맙구나. 정말 솔직하게 영재 너의 속마음을 이야기해 주었어. 영재를 잘 알 수 있어서 기쁘다."

대부분의 경우, 제일 먼저 그 학생의 강점, 성향, 흥미, 재능 등을 탐색하면서 '나 발견하기'를 진행하지만 영재는 자신에 대한 신뢰감이 약해진 상태이기 때문에 다른 방법을 먼저 적용했다. 그림을 통해서 자연스럽게 대화를 나누고 마음의 문을 열게 했다. 그리고 좀 더 구체적으로 영재의 내면과 자기정체성을 찾는 활동으로 들어갔다.

두 번째 만남에서는 내면에 자리 잡은 '자존감'과 '자신감'을 확인함으로써 영재의 현재 모습을 확인하는 시간을 가졌다. 영재 앞에 한 장의 문제지가 주어졌다. 예전 같으면 딴청 피우고 거부하거나 대충 체크하고 말았겠지만 이번에는 그렇지 않았다. 지난 멘토링 시간에 고 선생님과 속마음을 터놓고 대화를 나눈 뒤라 집중해서 테스트에 임했다.

"이건 너의 자아존중감에 대해서 알아보기 위한 체크리스트야. 다음 문항에 대해 그렇다고 생각하면 답란에 ○표, 그렇지 않으면 ×표에 체크를 해. 맨 오른쪽 괄호는 채점란이니까 그대로 비워 둬."

자아존중감이란, 자기 자신이 다른 사람에게 사랑과 관심을 받을 만한 사람이라고 여기는 감정을 말한다. 사람은 누구나 자존감을 느끼는 과정에서는 자신에게 주어진 일을 잘 해낼 수 있다는 자신감을 느낀다고 한다. 따라서 자존감은 공부를 하는 학생에게도 공부를 잘 할 수 있다는 자신감을 끌어내는 매우 중요한 감정이다.

고 선생님은 1, 2, 3, 6, 7, 10, 11, 12, 13, 16, 17, 18, 21, 22, 23, 25번 문항은 X표 한 것에 1점을 부여하고 4, 5, 8, 9, 14, 15, 19, 20, 24번 문항에는 O표 한 것에 1점씩 부여하라고 했다. 채점 결과가 5점 이하라면 자아존중감이 매우 낮은 상태이고 16에서 20점 사이라

| 자아존중감 문항 |

	문항	o	x	채점란
1	지금의 나 자신과 다른 사람이 되었으면 한다.			
2	나는 반 친구들 앞에서 말하는 것이 두렵다.			
3	가능하다면 지금의 나를 많이 바꾸고 싶다.			
4	나는 무슨 일이든 쉽게 결정할 수 있다.			
5	가만히 생각해 보면 나는 아주 재미있는 사람이다.			
6	나는 집에서 자주 화를 낸다.			
7	나는 새로운 것에 적응하는 데 많은 시간이 걸린다.			
8	나는 친구들과 잘 어울린다.			
9	부모님은 항상 내 기분을 생각해 주신다.			
10	나는 다른 사람이 하자는 대로 잘 따라간다.			
11	부모님은 나에 대해 지나친 기대를 하신다.			
12	나는 때때로 내 자신이 싫어질 때가 있다.			
13	여러 가지 일들에 얽혀서 항상 공부에 방해를 받는다.			
14	동생들은 내 말을 잘 듣는다.			
15	나는 나 자신을 신뢰한다.			
16	나는 학교에서 당황할 때가 자주 있다.			
17	나는 집을 나가고 싶다는 생각을 자주한다.			
18	친구들에 비해 내 얼굴은 못생겼다.			
19	말하고 싶은 것이 있으면 곧바로 한다.			
20	부모님은 나를 잘 이해해 주신다.			
21	나는 다른 사람에게 호감을 주지 못한다.			
22	나에 대한 이웃의 기대가 지나친 것으로 생각된다.			
23	나는 학교 갈 의욕을 자주 잃는다.			
24	나는 무슨 일이든 힘들어하거나 괴로워하지 않는다.			
25	나는 믿을 만한 가치가 없는 사람이다.			

면 자아존중감이 비교적 높은 편이다. 영재가 받은 점수는 7점이었다. 영재는 점수가 낮게 나올 것을 예상했다는 듯이 머리를 긁적였다.

고명석 선생님은 영재에게 또 다른 테스트를 해 보자고 제안했다.

"영재야, 자기 자신을 소중히 여기려면 스스로에 대한 믿음이 필요해. 그것을 자신감이라고 하지. 이번에는 '자신감 사다리'를 체크해 보자. 먼저 자신감의 최고점을 20점이라고 했을 때 영재 너의 자신감은 몇 점 정도일 것 같은지 생각해 봐. 그리고 네가 생각하는 점수를 사다리 위에 별표로 표시해 봐."

영재는 질문지를 보면서 고민하다가 사다리의 중간보다 약간 높은 12점에 별표를 했다. 그러고 나서 20개의 질문에 각각 O와 X를 체크하고 다 마친 후에 X의 개수를 세어서 사다리의 칸에 체크했다. 영재는 자신의 자신감이 12가 될 것이라 예상했지만 실제 결과는 7이었다. 이 테스트의 결과로 6~10점이 나오면 자신감이 낮은 편, 11~15점은 보통, 그 이상은 자신감이 높은 편이라고 볼 수 있다.

영재는 갑자기 풀이 죽어 고개를 푹 숙였다.

"예상은 했지만 이렇게까지 제 자신에 대한 믿음이 없을 줄은 몰랐어요."

"영재야, 너를 기죽이려고 이 테스트를 한 게 아니야. 오히려 그 반대지. 너는 막연하게 네가 자신감이 없다는 것을 알고 있었다고 했지? 선생님은 영재 네가 그 막연한 생각을 구체적으로, 또 객관적으

| 자신감 사다리 |

	문항	O	X
1	대학에 가도 성공한다는 보장이 없기 때문에 공부를 열심히 하지 않는다.		
2	별반 쓸모도 없는 공부에 열중하는 것은 어리석은 일이라고 생각한다.		
3	만화방, 노래방, PC방 사장이 되면 제일 편하고 좋을 거라고 생각한다.		
4	나는 마음만 먹으면 공부는 얼마든지 잘할 수 있을 거라고 생각한다.		
5	천재들은 타고나는 것이라고 생각한다.		
6	공부는 부모님을 위해 하는 것이라고 생각한다.		
7	나는 공부를 해도 어느 수준 이상으로는 잘할 수 없을 것 같다.		
8	"난 원래 바보야" "나는 왜 이 모양일까" 같은 부정적인 생각을 자주 한다.		
9	나는 잘하는 것이 별로 없는 것 같다.		
10	어떤 일에 한두 번 실패하면 그 일에 재능이 없다고 판단한다.		
11	열심히 노력하고 실패하느니, 놀다가 실패하는 게 훨씬 낫다고 생각한다.		
12	부모님이 싸우기라도 하면 내가 공부를 못해서 그러는 것만 같다.		
13	계획에 조금이라도 차질이 생기면 그 일은 끝장이라고 생각한다.		
14	작은 실수에도 과도한 의미를 부여해 절망하는 경향이 있다.		
15	자신의 성공에 대해 '아무나 할 수 있는 건데 뭐!'라고 하며 무시한다.		
16	만약 내가 돈 많은 부모님을 만났더라면 지금보다 훨씬 공부를 잘할 것이다.		
17	선입견이나 우연한 일에도 부정적인 의미를 부여해 새로운 징크스를 만든다.		
18	내가 만약 실패하면 그것이 대부분 부모님 때문이라 생각한다.		
19	경쟁이 너무 심해서 똑똑한 사람이 아니고는 살아남기 힘들다고 생각한다.		
20	아무튼 나는 다 잘될 거라고 생각한다.		

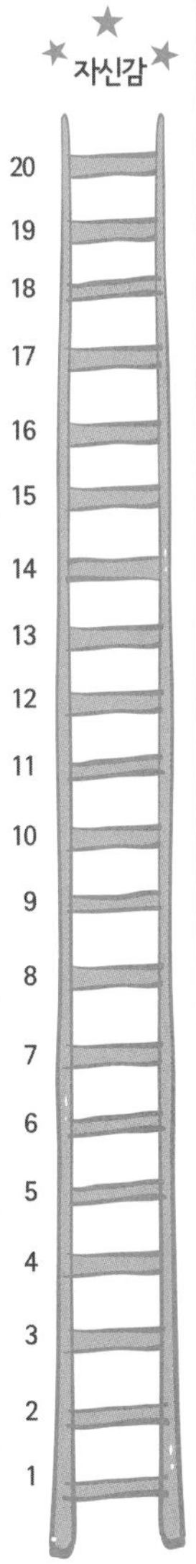

로 확인하고 그 원인을 찾았으면 해. 문제를 정확히 알아야 정확한 도움을 줄 수 있어. 그래야 발전할 수 있고."

영재는 고 선생님의 말을 머리로는 이해하지만 가슴으로는 받아들이기 힘들었다.

"선생님이 무슨 말씀을 하시는지 알지만, 그래도 기분이 좋지 않아요. 저 이만 집에 가면 안 될까요?"

"그래, 그러자."

고 선생님은 어깨가 축 처진 채로 교실을 나가는 영재의 뒷모습을 지켜봤다. 영재의 자존심을 꺾어버린 것은 아닐까? 혹시 너무 앞서간 것은 아닐까? 이제 막 전학을 와서 특별반까지 찾아온 아이가 아슬아슬하게 지켜 온 자존심을 너무 쉽게 무너뜨린 건 아닐까? 이제 막 마음을 열기 시작했는데 다시 닫아 버리지는 않을까?

하지만 이런 염려도 잠시, 고 선생님은 이러한 과정 역시 영재가 꼭 한 번은 겪어 내야 할 시련이라고 믿었다. 스스로 변화가 필요하다고 느끼는 지금, 자신을 냉정하게 평가하고 바라볼 시간이 필요했다. 그래야 영재는 달라질 수 있다.

영재는 고 선생님의 이런 마음을 알 리 없었다. 스스로에 대한 실망감과 창피함을 감출 수 없었다. 마치 수많은 사람들이 오가는 길 한복판에서 혼자 벌거벗고 서 있는 기분이 들었다. 선생님께 이런 부끄러운 자신의 모습을 모두 들킨 것 같아 도망치고 싶을 뿐이었다.

선생님께 제대로 인사도 하지 않고 교실을 뛰쳐나올 때 고명석 선생님이 영재의 이름을 몇 번씩 부르면서 따라왔다.

"선생님! 또 왜 그러세요? 제발 오늘은 그냥 보내 주세요."

영재는 자신도 모르게 소리를 버럭 질렀다. 그리고는 달리다시피 빠른 걸음으로 한참을 걸었다. 무심코 뒤를 돌아보면서 영재는 고 선생님이 없을 거라고 생각했다.

'나를 걱정해 주는 선생님께 버르장머리 없이 소리를 질렀으니, 선생님도 이제 내가 싫을 거야. 나한테 실망했겠지.'

영재가 걱정 반, 미안한 마음 반으로 돌아봤을 때 고명석 선생님은 그 자리에 그대로 서 있었다. 멀리서 영재가 멈추는 것을 본 선생님은 먼저 영재에게 다가갔다. 그리고는 곱게 포장된 책 두 권을 건네주었다.

"영재야, 주말에 꼭 이 책을 읽어 봐. 특별 과제야. 알았지?"

선생님은 영재에게 별다른 위로의 말을 하지는 않았지만 영재는 느낄 수 있었다. 자신을 대하는 선생님의 눈빛이 몹시 간절했다는 것을 말이다.

주말이 지나고 선생님은 영재를 상담실로 불렀다.

"책은 다 읽었니?"

"네, 두 권 다 봤어요."

"어땠어?"

"조금 감동적이긴 했어요. 하지만 이야기잖아요. 사실이 아니고 누군가가 지어낸 이야기."

"그렇긴 하지만 그 이야기야말로 세상의 진실과 맞닿아 있지."

선생님이 영재에게 선물한 책은 맥스 루케이도의 《너는 특별하단다》였다. 이 책은 웸믹이라는 나무 인형들의 세계를 그리고 있는데 주인공 판치넬로는 잘하는 것이 아무것도 없어 주변의 인형들로부터 늘 비웃음을 당했다. 그러나 나중에는 주인공 판치넬로가 자신을 만든 목수 엘리를 찾아가 자신이 실패작이 아니라 사실은 특별한 존재임을 깨닫는다.

"영재야, 판치넬로가 처음에 불행하다고 생각했던 이유가 뭘까?"

"잘하는 것이 아무것도 없었으니까요. 실수투성이고."

"영재 네가 처음에 나와 멘토링했을 때 한 대답과 비슷하구나. 넌 네가 잘하는 것이 하나도 없다고 했어."

"맞아요. 그래서 책을 보면서 제 자신이 많이 떠올랐어요. 하지만 저는 판치넬로처럼 비실비실하지는 않아요. 전 강하다고요."

"영재야, 선생님은 자존감과 자신감이 낮은 사람들의 특징을 그 이야기 속에서 발견했는데 혹시 너도 그걸 찾았니?"

"얼핏 알 것도 같은데…… 잘 모르겠어요."

"영재 네가 스스로 잘하는 것이 없고 능력이 부족하다고 느끼는 것은 네 자신이 다른 사람들과 너를 비교하고 스스로를 작다고 여기기 때문이야. 네가 특별한 이유는 다른 사람과 비교해 특별히 무엇인가를 잘해서가 아니야. 그저 너 자신이 다른 사람들과 구분되는 특별한 존재이기 때문이지."

영재의 생각은 선생님과 달랐다.

"그래도 현실은 그렇지 않아요. 전 실제로 잘하는 게 없어요. 학교에 다니는 이상, 다른 친구들과 경쟁을 안 할 수는 없잖아요. 아무리나 혼자서 특별하다고 믿어도 세상에 나가면 다른 사람들이 저를 비웃어요. 신경을 안 쓰려 해도 신경이 쓰여요. 비교된단 말이에요."

영재는 목소리를 높이며 눈물을 글썽였다. 그동안 꾹꾹 눌러 두었던 설움이 북받쳐 올랐기 때문이다. 고 선생님은 잠자코 영재를 바라보았다. 선생님은 영재의 감정이 가라앉을 때까지 잠시 기다려 주었다. 영재는 선생님 앞에서 눈물을 보인 것이 죄송하고 창피하기도 했다. '죄송해요'라는 말을 하고 싶은 마음은 굴뚝같은데 차마 그 말을 하지 못했다. 그저 손으로 흘러내린 눈물을 닦아 낼 뿐이었다.

"괜찮아. 영재야, 내가 준 다른 책의 내용도 기억하니?"

고 선생님의 다독임에 영재는 말을 이어갔다.

"네. 애벌레들이 서로 정상에 올라가기 위해 열심히 기어가는 이야기잖아요."

두 번째 책은 트리에나 플러스의 《꽃들에게 희망을》이다. 애벌레들이 앞다투어 정상을 향해 기어가지만 정상에는 아무것도 없었다. 하지만 애벌레들은 기다림 끝에 나비가 되는 자신을 발견한다는 줄거리였다.

"정상에 올라갔더니 뭐가 있었지?"

"아무것도 없었어요. 애벌레들은 모두 경쟁하는 분위기에 휩쓸려 간 거예요."

"그럼 허탈한 이야기구나, 그렇지?"

영재는 잠시 생각에 잠겼다.

"근데 꼭 그렇진 않아요. 결국 애벌레는 아름다운 나비가 되었거든요. 무작정 경쟁하던 곳에서는 아무것도 얻지 못했지만, 결국은 아름다운 날개를 얻어서 날아갔어요."

"그럼, 선생님이 왜 그 책을 너에게 주었다고 생각해?"

"글쎄요. 다른 사람들이 보기에는 저에게 특별함이 없죠. 아무리 찾아보려 해도 어떤 재능도 보이지 않아요. 하지만……."

"그래, 바로 그거야. 다른 사람들과 비슷한 목표를 향해서, 같은 방법으로 경쟁하면 우리는 언제나 남들과 나를 비교할 수밖에 없어. 다른 사람과 비교해서는 결코 자신의 특별함을 찾을 수 없지. 하지만 자신의 존재 자체를 인정하는 순간, 자신에게 원래 부여된 아름다운 가능성, 재능을 찾을 수 있어!"

"애벌레가 그랬던 것처럼 저한테도 기다림, 기다림이 필요한 것 같아요. 애벌레에게는 본래 자신이 가진 고유한 길이 있었어요. 처음에는 그것을 깨닫지 못했기 때문에 다른 친구들과 똑같은 목표를 향해 기어올라 갔지요. 하지만 시간이 흐르고 번데기가 되어 답답한 시기가 지난 후에 아름다운 날개를 볼 수 있었어요. 그러니까 자신의 진가를 발견할 때까지는 기다려야 된다는 게 이 이야기의 교훈인 것 같아요."

"맞아, 그거야! 하지만 영재야, 막연하게 기다리는 건 의미가 없어. 기다린다는 것은 자신의 존재를 인정하고 노력하는 시간을 말하는 것이지 아무것도 하지 않고 멍하게 있는 게 아니란다. 자신을 발견하기 위해 시도해 보고 노력하는 게 진정한 기다림이야."

영재는 천천히 고개를 끄덕였다.

수업이 끝난 평일 오후, 영재의 일대일 멘토링 시간이 돌아왔다. 영재는 이제 고 선생님과의 대화가 어색하지 않았다. 처음으로 멘토링하던 날과 비교하면 영재는 한결 편안했다. 영재는 하루 동안 학교에서 있었던 일이나 친구들과 겪은 해프닝 같은 가벼운 이야기로 시작했고 고 선생님은 영재가 하는 이야기를 경청했다.

"선생님, 갑자기 궁금한 게 생겼는데요. 어른이 되면 공부할 필요가 없는 거죠?"

문득, 영재가 이렇게 물었다.

"왜 그렇게 생각해?"

"중·고등학교 공부는 입시를 위한 것 아닌가요? 대학에 붙고 나면 더는 공부할 필요가 없어지는 거잖아요."

영재는 특유의 냉소적인 어투로 말했다.

"만약에 제가 수능을 봤고 대학에 붙었어요. 그러면 이제 어려운 수학 공식 같은 건 외울 필요가 없잖아요?"

고 선생님은 예전부터 아이들에게 이런 질문을 수도 없이 받았다. 이런 아이들의 생각은 어찌 보면 당연한 일이었다. 교육 현실이 달라지고 변하고 있지만 입시 위주의 경쟁은 여전했기 때문이다.

"영재야, 그래도 공부는 계속하는 게 좋아."

"지금 배우는 것들이 어른이 된 뒤에도 쓸모가 있나요?"

"너 '벌새의 물 한 방울'이라는 이야기 아니?"

"벌새의 물 한 방울이요?"

"'벌새의 물 한 방울'은 쓰지 신이치라는 문화인류학자이자 환경운동가가 쓴 책 제목이야. 책 본문에 크리킨디라는 벌새 이야기가 나와. 이 벌새의 이야기는 남미 안데스 지역의 민담이기도 하지."

어느 날 산에 큰 불이 났는데 작은 벌새 한 마리가 부리에 물을 담아 산불에 떨어뜨린다는 게 이야기의 줄거리였다. 동물들은 그런 벌새를 보며 답답해하지만 벌새는 오히려 동물 친구들을 향해 이렇게 말했다.

"나는 내가 할 수 있는 일을 할 뿐이야."

고 선생님은 벌새가 한 말을 영재에게 들려주었다.

"벌새가 만약에 '나는 산불을 끌 수 없어. 끄더라도 아주 작은 불씨 하나나 끄겠지'라고 생각했으면 어땠을까. 결국 벌새는 아무것도 하지 않았겠지. 그런데 벌새의 생각은 다른 동물들의 생각과 달랐어. 설사 99퍼센트의 노력이 헛수고가 되고 1퍼센트의 보상밖에 받지 못하더라도 온 힘을 다한 이에게 그 1퍼센트의 노력은 100퍼센트와 같지 않을까."

"……"

"나도 예전에는 영재 너와 똑같은 생각을 했어. 시험을 보려고 공부하는 게 무의미해 보였어. 나중에는 쓸모없어질 공부를 왜 하나 싶었지. 하지만 언젠가부터 그런 생각을 버렸어. 공부가 보물찾기를 위한 여행이라는 걸 깨달은 후부터였지."

"보물찾기요?"

"응, 보물이 어디 감춰져 있는지는 아무도 몰라. 찾아낼 때까지 계속 노력하지. 바다를 건너고 산을 넘고 길이 없는 험한 곳을 걸어야 돼. 그렇게 고생을 하고도 쓰레기만 찾게 되는 경우도 있어. 하지만 그게 헛수고라고 여행을 포기하면 그것으로 끝이야. 한 발만 더 가면 그곳에 보물이 묻혀 있을지도 모르는데 말이야."

"……"

"상상해 봐. 1퍼센트의 보물을 찾아냈을 때를. 보물만 찾으면 99퍼센트의 노력은 절대로 헛수고가 아니야. 이 말을 듣는 사람들 중에 보물이 없다고 생각하는 사람도 있겠지. 보물이 있다고 믿는 것도 없다고 믿는 것도 다 네 마음이야."

영재는 고개를 갸우뚱했다.

"그러니까 선생님 말씀은, 공부하는 게 보물찾기랑 같다는 거예요?"

고 선생님은 영재가 자신의 말을 이해하는 것을 보고는 기분이 좋아졌다.

"그래, 바로 그거야. 공부를 해서 보물을 찾을 수도 있고 찾지 못할 수도 있어. 하지만 선생님은 너에게 이것 하나만은 분명하게 말할 수 있어. 보물이 있다고 믿는 사람이 보물을 찾을 수 있다고. 보물이 없다고 믿는 사람은 절대로 보물을 찾을 수 없어. 그래서 우리는 희망을 가져야 돼. 희망은 그렇게 중요한 거란다."

"선생님은 찾으셨어요? 그 보물을요."

"그럼. 그러니까 이렇게 너희들에게 공부를 가르치고 있지."

"그것이 선생님의 희망이고 보물인가요?"

"그래. 선생님은 운이 좋은 사람이야. 마침내 보물을 찾았으니까."

고 선생님의 말이 끝나자 영재는 한동안 말이 없었다. 고명석 선생님이 들려준 이야기가 영재에게 생각할 거리를 던져 주었기 때문이었다. 영재는 선생님께서 던져 준 무언가가 어렵고 골치 아팠지만 피하고 싶지 않았다. 오히려 그 반대였다. 진지하게 생각해서 자신도 고 선생님처럼 답을 얻고 싶다고 생각했다.

'시간이 날 때마다 곰곰이 생각해 보자. 내가 찾고 싶은 보물이 뭔지, 그 보물을 어떻게 찾을 것인지.'

고 선생님은 영재에게 이렇게 조언했다.

"지금은 학교를 다니는 것이 아무 의미가 없어 보이고 재미없을 수도 있어. 하지만 영재야, 조금만 기다려 보자. 우리 1퍼센트의 희망을 놓지 말자. 인생의 아름다운 보물을 찾을 때까지 함께 가 보자."

영재는 눈시울이 뜨거워졌다. 벌새 이야기도 감동스러웠지만 그것 때문만은 아니었다. 선생님의 간절한 한마디, 한마디가 영재의 마음을 움직였다. 자신을 인정해 주고 기꺼이 도와주겠다고 하는 사람을 만난 게 도대체 얼마 만인지 모르겠다. 사실 자신이 공부를 잘하건 못하건, 학교생활에 적응을 하건 못하건 고명석 선생님과는 아무 상관도 없는데. 이렇게까지 노력하실 필요는 없는데……. 영재는 집에 돌아가서도 고 선생님을 생각했다. 그리고 그날 밤 쉽게 잠을 이룰 수 없었다.

그 시각, 고 선생님은 고 선생님 대로 일대일 멘토링의 결과에 대해 피드백을 하고 있었다. 아이들 한 명 한 명의 얼굴을 떠올려 보니 아이들의 눈빛이 달라지고 있다는 확신이 들었다. 고 선생님은 그동안의 멘토링 과정을 떠올려 보았다. 아이들과 성심성의껏 멘토링에 임했고 아이들에게 어떤 문제가 있는지를 파악해 나갔다.

아이들 각자의 문제를 진단하고 접근 방법을 연구하느라 고 선생님은 잠시도 쉬지 못했다.

'피곤하기도 하지만 지금은 주저앉아서 쉴 때가 아냐. 아이들을 위해서 지금보다 더 열심히 노력해야 해.'

고 선생님은 이렇게 생각하며 마음을 굳게 먹었다.

마음을 여는 멘토링 프로그램

핵심만 뽑아 보는 꿈의 교실

★ 일대일 멘토링의 접근 키워드는? : ○○○

플래닝을 통해 방향을 잡아 주고 학습 주도력을 키워 주기 위해서 반드시 필요한 과정인 일대일 멘토링.

그런데 일부 학생들은 선생님에게 마음을 열지 않는다. 이런 경우에 멘티와의 ○○○을 형성하는 것이 가장 중요하다.

꿈의 교실 고명석 선생님은 마음을 여는 도구로 나무에 올라간 아이들의 모습이 담긴 그림을 이용했다. 멘티의 취향에 맞는 동화책, 영화, 만화 등을 활용해 보자. 학생의 심리 상태가 어떠한지 알고자 한다면 완성되지 않은 형태의 문장을 완성시키는 과정에서 상대방의 심리를 알 수 있는 '문장 완성 검사(Sentencecompletion Test)'를 이용하길 권한다.

예를 들면 "나의 좋은 점은 ___________이다"라는 지문을 제시하고 비어 있는 부분을 멘티가 완성하도록 하는 것이다.

시간 제한을 두어 너무 오랫동안 생각하지 않도록 한다.

답 : ○○○ 친밀감

★ 멘티의 현재의 상황을 확인하기 위해서 알아야 할 것은? : ○○○, □□□

아이들의 ○○○을 확인하기 위해 몇 가지 진단지를 활용할 수 있다. 먼저 ○○○을 진단하고 ○○○에 영향을 주는 □□□을 진단하도록 한다.
본문에서 영재가 해본 테스트를 통해서 ○○○의 세부 영역을 진단하고, 부족한 부분을 파악하기 위한 진단을 추가로 실시해 보자.

답 : ○○○ 자존감
□□□ 자신감

★ 멘티의 자존감을 키워주는 멘토의 자세는? : △△△△, ○○○○

영재가 자신감 테스트 결과 때문에 실망하고 풀이 죽었을 때를 떠올려 보자. 고 선생님은 끝까지 영재를 대상으로 영재의 장점 △△△△와 영재가 마음을 열도록 ○○○○를 계속했다.

답 : △△△△ 인정하기
○○○○ 기다리기

4

잊을 수 없는 추억, 꿈 페스티벌

자기주도학습으로 공부의 맛을 알아가는 특별 프로젝트 리얼 현장 이야기 꿈의 교실

"꿈 페스티벌? 뭐야, 축제를 한다는 거야?"

"옛날에는 우리 학교도 해마다 축제를 열었는데 성적 안 좋아지고 애들 수가 줄면서 없어졌대."

"춤추고 노래하고 장기 자랑하고 그러겠지. 주최가 특별반 애들이잖아?"

등교를 하던 아이들이 게시판 앞에서 수군거렸다. 게시판에 붙은 공고 때문이다. '특별반 꿈의 교실과 함께하는 우리들중학교 꿈 페스티벌'이라고 적혀 있는데 무엇을 하는 행사인지 상상이 되지 않았다.

그런데 예전에 등수판이 붙어 있던 현관에 눈길을 끄는 뭔가가 설치되어 있었다. 커다란 판을 네 개의 다리가 받치고 있는 모양이 텔레비전에서 많이 봤던 설문 조사용 설치물과 똑같았다. 설치물의 제목은 '꿈과 목표에 대한 설문 조사'였다. 스티커를 뜯어서 자신의 심리 상태와 가까운 항목에 붙이도록 되어 있었다. 이미 일찍 등교한 친구들이 스티커 몇 개씩 붙여 놓았다.

| 꿈과 목표에 대한 설문 조사 |

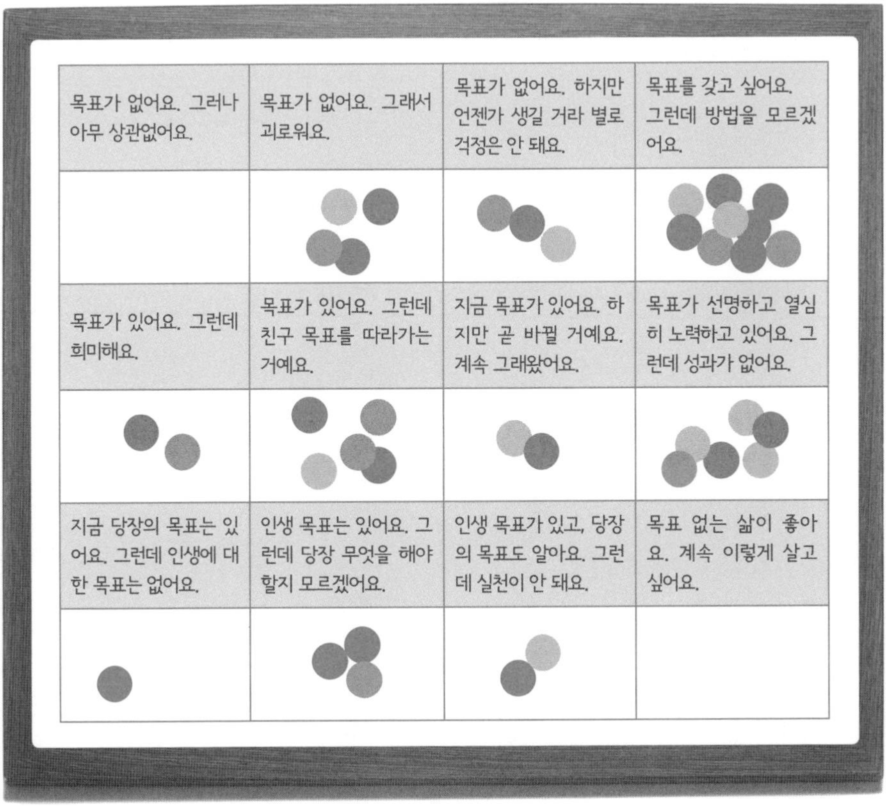

목표가 없어요. 그러나 아무 상관없어요.
목표가 없어요. 그래서 괴로워요.
목표가 없어요. 하지만 언젠가 생길 거라 별로 걱정은 안 돼요.
목표를 갖고 싶어요. 그런데 방법을 모르겠어요.
목표가 있어요. 그런데 희미해요.
목표가 있어요. 그런데 친구 목표를 따라가는 거예요.
지금 목표가 있어요. 하지만 곧 바뀔 거예요. 계속 그래왔어요.
목표가 선명하고 열심히 노력하고 있어요. 그런데 성과가 없어요.
지금 당장의 목표는 있어요. 그런데 인생에 대한 목표는 없어요.
인생 목표는 있어요. 그런데 당장 무엇을 해야 할지 모르겠어요.
인생 목표가 있고, 당장의 목표도 알아요. 그런데 실천이 안 돼요.
목표 없는 삶이 좋아요. 계속 이렇게 살고 싶어요.

아이들은 꿈 페스티벌이 무엇인지 자세히는 알지 못하지만 페스티벌이라고 하니 '어디, 나도 한번 참여해 볼까?' 하는 마음으로 다가갔다. 그런데 몇몇 아이들은 선뜻 스티커를 붙이지 못하고 망설였다. 한 번도 꿈과 목표에 대해 생각해 본 적이 없었기 때문이다. 잠깐 주저하면서 멍하게 서 있다가 스티커가 많은 곳에 스티커를 붙이고 교실로 뛰어 들어갔다. 선택할 수 있는 항목은 총 열두 가지였다.

고명석 선생님이 교내 방송으로 아이들에게 꿈 페스티벌이 무엇인지 알려 주었다.

"꿈 페스티벌이란 자기주도학습의 '목표 탐색'을 위한 일종의 준비활동입니다. 선생님이 강연을 하고 학생들이 듣기만 하는 것이 아니라 학생들이 주도적으로 참여해서 자신의 꿈을 찾아가는 활동이죠."

꿈 페스티벌의 세부 프로그램에는 흥미 탐색, 재능 발견, 가치 결정, 역할 분석 등의 '나 발견하기'와 자신의 강점 지능을 분석해서 재능과 연결 짓고 직업 비전을 세우는 과정이 있다.

꿈 페스티벌의 하이라이트는 10대, 20대, 30대, 40대 등 나이대별로 직업 비전의 세부적인 계획을 세워서 '인생 로드맵'을 세우는 것이다. 아이들은 한번도 경험해 본 적 없는 새로운 활동이라 다소 낯설었다.

잘은 모르지만 어쩐지 재미있을 것 같기도 했다. 앞서 등장한 설문

조사의 결과대로라면 목표가 없는 아이는 있지만 목표가 없는 현재의 상황이 아무렇지도 않고, 계속 이렇게 목표가 없는 상태로 살겠다는 아이는 한 명도 없었다.

그것은 비록 현재는 구체적인 목표가 없고 성적이 잘 나오지 않지만 아이들은 자신의 꿈을 찾고 그 꿈이 이루어지길 간절히 바라고 있다는 뜻일 것이다.

고명석 선생님은 사실, 이 학교에서 한 번도 시행해 본 적 없는 새로운 축제를 시도하는 것이 다소 부담스럽기도 했다. 하지만 1년이 지나 시스템이 정착되면 그 후부터는 우리들중학교도 자연스럽게 '플래닝'의 원리로 운영될 것이라고 확신했다.

꿈 페스티벌은 시작 일주일 전에 전교생에게 알려진 후 바로 진행되었다. 아이들과 다양한 방식으로 소통하며 정보를 나누는 고 선생님의 스타일이 다른 교사나 학생들에게 낯설게 느껴졌다. 그러나 이번 행사의 경우, 교육청에 자기주도학습 예산을 신청하고 그 신청이 받아들여져 진행하기에 학생 수가 적은 우리들중학교로서는 어렵지 않게 행사를 진행할 수 있었다.

드디어 행사 날. 학생들은 황금 같은 '놀토'를 빼앗긴 게 아쉽기도 했지만 기대감을 가득 품고 학교에 나왔다. '나 발견하기' 과정에 참여하며 자신의 흥미와 재능, 내가 좋아하는 것의 가치와 역할을 찾아

보고 서로 발표도 했다. 아이들은 처음 해보는 활동이지만 재미있고 다른 친구들의 흥미와 재능이 무엇인지 알아 가면서 서로를 이해할 수 있었다.

"내가 좋아하는 것은 축구, 축구 게임, 축구 스타, 라면, 자전거 타기. 학교에서 배우는 것 중에서는 과학이 제일 재미있어!"

"근데 철민아! 너 나무타기도 좋아하잖아."

"아, 맞다. 근데 넌 일본 애니메이션 좋아하는 거 왜 안 적었어?"

"그러네? 그럼 얼른 추가해야지."

아이들은 모두 들떠서 이것도 하고 싶고 저것도 하고 싶다고 야단이었다. 설문 조사에 참여하면서도 친구가 하고 있는 지능 검사가 더 재미있어 보여 설문 조사를 하다 말고 지능 검사를 하려는 아이도 있었다.

이래서 선생님들의 역할이 더욱 중요했다. 고명석 선생님, 김지원 선생님을 비롯한 여러 선생님들은 아이들이 페스티벌을 제대로 즐길 수 있도록 도와주었다.

"'흥미와 재능 탐색하기' 활동은 미리 만들어 둔 흥미 목록과 재능 목록을 서로 연관되거나 일치하는 것끼리 연결하는 거야."

이번에는 다른 선생님이 나서서 흥미와 재능 탐색하기 활동을 마친 아이들이 재능 인터뷰를 하도록 유도했다.

"자신을 잘 아는 친구들을 찾아다니면서 그 친구가 보기에 자신이

나는 무엇을 좋아하나요? 무엇이든 상관없어요. 생각만으로도 기분이 좋아지고 행복하게 만드는 일들을 찾아보세요!

- 무엇을 할 때 집중이 잘 되고 행복한가?
- 좋아하는 과목은?
- 나만의 시간이 생기면 제일 먼저 하고 싶은 것은?
- 나도 모르게 말을 많이 하게 되는 분야는?
- 시키지 않아도 알아서 찾아 하는 것은?
- 밤을 새면서도 지겨워하지 않고 할 수 있는 일은?

내가 남들보다 잘하는 것에는 무엇이 있을까요? 남들보다 잘하는 것이 없는 것 같나요? 작은 것이라도 좋아요. 남들보다 조금이라도 잘한다고 생각되는 것, 모두 적어보세요!

- 가장 자신 있는 과목은?
- 내가 좋아하는 행동이면서 다른 사람에게도 칭찬을 듣는 행동은 무엇인가요?
- 다른 사람과 똑같이 시작했는데 좀 더 빨리 잘할 수 있는 일은 무엇인가요?

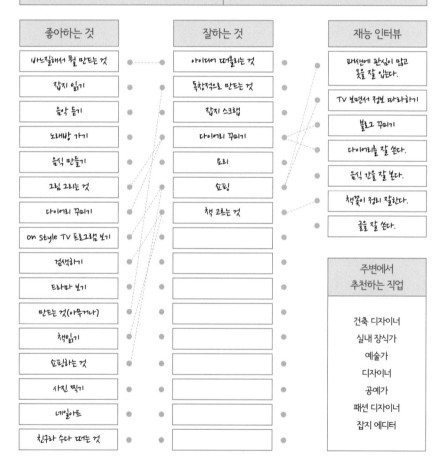

좋아하는 것	잘하는 것	재능 인터뷰
바느질해서 뭘 만드는 것	아이디어 떠올리는 것	패션에 관심이 많고 옷을 잘 입는다.
잡지 읽기	독창적으로 만드는 것	TV 보면서 정보 따라하기
음악 듣기	잡지 스크랩	블로그 꾸미기
노래방 가기	다이어리 꾸미기	다이어리를 잘 쓴다.
음식 만들기	요리	음식 간을 잘 본다.
그림 그리는 것	쇼핑	책꽂이 정리 잘한다.
다이어리 꾸미기	책 고르는 것	글을 잘 쓴다.
on Style TV 프로그램 보기		
검색하기		
드라마 보기		
만드는 것(아무거나)		
책읽기		
쇼핑하는 것		
사진 찍기		
네일아트		
친구랑 수다 떠는 것		

주변에서 추천하는 직업

건축 디자이너
실내 장식가
예술가
디자이너
공예가
패션 디자이너
잡지 에디터

잘하는 것이 무엇인지를 물어보는 거예요. 그게 바로 '재능 인터뷰' 입니다. 이 과정을 통해 자기가 바라보는 자신의 모습과 다른 사람의 눈으로 본 모습을 함께 비교하고 숨겨져 있던 가능성을 찾아보세요."

흥미와 재능, 가치와 역할을 탐색한 뒤에는 자신의 강점 지능을 확인하는 시간이 주어졌다. 자신의 강점 지능이 무엇인지 알게 하기 위해 선생님들은 아이들에게 다중 지능의 개념을 알려 주었다.

"여러분, 우리는 흔히 똑똑한 사람, 똑똑하지 못한 사람이 있다고 생각하죠? 그런데 미국의 하버드대학교 교육심리학과 하워드 가드너 교수는 우리의 지능은 단순하게 '지적이다' '지적이지 못하다'라고 한정지을 수 없다고 생각했대요. 지능에 대한 평가도 '지능이 낮다' '지능이 높다'를 벗어나서 더 다양하게 나뉠 수 있다고 봤어요. 이러한 시각에서 비롯된 것이 바로 다중 지능 이론이에요."

아이들은 선생님의 말씀에 이해하기 어렵다는 표정을 지었다.

"잘 봐요. 다중 지능이라는 말은 사람이 가진 지적인 능력의 종류를 뜻해요. 하워드 가드너 교수는 인간에게 언어 지능, 논리 수학 지능, 공간 지능, 신체 운동 지능, 음악 지능, 대인 관계 지능, 자연 친화 지능, 자기 이해 지능 등 총 여덟 가지의 지능이 있다고 주장했어요."

"우리가 지능을 여덟 가지나 가지고 있다고요?"

한 아이가 깜짝 놀라며 선생님께 되물었다.

| 다중 지능 체크표 |

음악 지능	체크
취미생활로 악기 연주나 음악 감상을 즐긴다.	
악보를 보면 그 곡의 멜로디를 어느 정도 알 수 있다.	
다른 사람의 연주나 노래를 들으면 어떤 점이 부족한지 알 수 있다.	
악기를 연주할 때 곡의 음정, 리듬, 빠르기, 분위기를 정확하게 표현한다.	
다른 사람과 노래할 때 화음을 잘 넣는다.	
어떤 악기라도 연주법을 비교적 쉽게 배운다.	
빈칸을 주고 어떤 곡을 채워 보라고 하면 박자와 곡의 분위기에 맞게 채울 수 있다.	
체크 수	

논리 수학 지능	체크
수학이나 과학 과목을 좋아한다.	
어떤 일이든 실험하고 검증하는 것을 좋아한다.	
어떤 문제가 생기면 성급하게 결론을 내리기보다 여러 가지 면을 살펴보며 원인을 밝히려고 한다.	
다른 사람의 말 속에서 비논리적인 점을 잘 찾아낸다.	
어떤 것을 암기할 때 무작정 외우기보다 논리적으로 이해하고 암기한다.	
물건의 가격이나 은행 이자 등을 잘 계산한다.	
생활에서 발생하는 여러 문제들을 해결하는 절차와 방법을 잘 알고 있다.	
체크 수	

공간 지능	체크
새로운 지식을 습득할 때 그림이나 개념 지도를 그려 가며 외운다.	
어림짐작으로도 길이나 넓이를 비교적 정확히 알아맞힌다.	
고장 난 시계나 물건을 잘 고친다.	
다른 사람들로부터 그림 그리기나 만들기를 잘 한다고 칭찬 받은 적이 있다.	
뜨개질이나 조작, 조립과 같이 섬세한 손놀림이 필요한 활동을 잘한다.	
손으로 물건을 만들고, 그림 그리는 것을 좋아한다.	
내 방이나 사무실을 꾸밀 때, 어떤 재료를 사용해야 하고 어떻게 배치해야 할지 잘 안다.	
체크 수	

언어 지능	체크
국어 시간이나 글쓰기 시간을 좋아한다.	
다른 사람보다 어휘력이 풍부한 편이다.	
글이나 문서를 읽을 때 문법적으로 어색한 문장이나 단어를 잘 찾아낸다.	
책이나 신문의 사설을 읽을 때 그 내용을 잘 이해한다.	
글을 조리 있고 설득력 있게 쓴다는 말을 자주 듣는다.	
내 꿈은 작가나 아나운서다.	
다른 사람이 하는 말의 핵심을 잘 파악한다.	
체크 수	

대인 관계 지능	체크
친구나 가족들의 고민거리를 들어주거나 해결하는 것을 좋아한다.	
학교 친구나 선생님, 선배의 기분을 잘 파악하고 적절하게 대처한다.	
다른 사람들로부터 다정다감하다는 소리를 자주 듣는다.	
가족이나 학교 친구, 선배 등 누구와도 잘 지내는 편이다.	
학교생활에서 발생하는 문제를 해결하는 절차와 방법을 잘 알고 있다.	
내가 속한 집단에서 내가 해야 할 일을 잘 찾아서 수행한다.	
다른 사람들 앞에서 프레젠테이션이나 연설을 잘한다.	
체크 수	

자기 이해 지능	체크
어떤 일에 실패했을 때 철저히 분석해서 다음에는 그런 일이 생기지 않도록 노력한다.	
나의 건강 상태나 기분, 컨디션을 정확히 파악할 수 있다.	
평소에 내 능력이나 재능을 계발하기 위해 노력하고 있다.	
내 생각이나 감정을 상황에 맞게 잘 통제하고 조절한다.	
내 일정을 다이어리에 정리하는 등 규칙적인 생활을 위해 노력한다.	
앞으로 어떻게 성공해야 할지에 대해 뚜렷한 신념이 있다.	
나 자신을 돌아보고 앞으로의 생활을 계획하는 것을 좋아한다.	
체크 수	

자연 친화 지능	체크
애완동물을 키우고 있거나 좋아한다.	
여러 종류의 나무, 꽃 이름을 기억하고 구분한다.	
환경 문제를 해결할 수 있는 방법들을 많이 알고 있다.	
숲 속에서 동물의 발자국이나 새들의 소리에 관심을 갖고, 날씨의 신호를 구분할 수 있다.	
자원 보존이 현대사회의 중요한 문제라고 생각한다.	
우주, 해저탐험 등에 대해 관심이 많다.	
동식물과 관련된 직업을 갖고 싶다고 생각한 적이 있다.	
체크 수	

신체 운동 지능	체크
평소에 몸을 움직이며 활동하는 것을 좋아한다.	
운동경기를 보면 운동선수들의 장단점을 잘 집어낸다.	
개그맨이나 탤런트, 주변 사람들의 행동을 잘 흉내 낸다.	
운동을 잘한다는 말을 자주 듣는다.	
연기나 춤으로 내가 전하고자 하는 것을 잘 표현할 수 있다.	
어떤 운동이라도 한두 번 해 보면 잘할 수 있다.	
뜨개질이나 조각, 조립과 같은 섬세한 손놀림이 필요한 활동을 잘할 수 있다.	
체크 수	

"그래요. 사람은 누구나 이 여덟 가지 재능을 갖고 있어요. 그래서 한자의 '많을 다(多)'를 써서 다중 지능이라는 단어를 만든 거죠. 이 여덟 가지의 지능들은 모두 독립적이고 서로 동등해요. 또 지능끼리 영향을 주고받아요."

아이들은 '다중 지능 체크표'의 여러 질문들 중에 '그렇다'고 생각하는 항목에 체크했다. 체크가 끝나면 '그렇다'고 대답한 항목의 개수를 헤아렸다. 아이들은 여덟 가지의 다중 지능 중에서 유독 '그렇다'의 개수가 많은 지능을 발견할 수 있었다. 이렇게 다중 지능 중에서 특출하게 강점을 보이는 지능을 '강점 지능'이라 한다.

"우와, 나는 자기 이해 지능이 제일 강해. 내가 좀 그렇지! 으하하하."

"난 대인 관계 지능! 이 형님이 친구가 좀 많냐!"

"역시 나는 분석적이고 똑똑해. 논리 수학 지능이 짱이잖아."

아이들은 다중 지능 검사를 통해서 자신의 강점 지능을 확인하고 매우 신기해했다. 선생님들은 강점 지능이 유사한 친구들끼리 조를 만들어 주었다. 이렇게 만든 조는 플래닝 패스티벌 기간 내내 함께 활동했다.

"우리 음악 지능 높은 사람들끼리 잘해 보자! 우리, 슈퍼스타K에 나가 볼래?"

"난 영화 보는 걸 좋아해서 영화를 같이 볼 친구가 있었으면 좋겠다고 생각했는데 너희들 만나서 잘됐다. 우리 나중에 영화 이야기나 실컷 해 보자."

조가 만들어지고 나자 서로 닮은 구석이 많은 아이들은 빠른 속도로 친해졌다. 선생님이 권유하지 않아도 자발적으로, 강점 지능의 특성에 맞는 활동을 했다. 아이들은 조별로 모여서 조 이름을 짓고 조의 특성에 맞는 놀이를 하느라 시간이 가는 줄도 몰랐다.

영재도 다른 친구들과 함께 다중 지능 검사를 했다. 그 결과 신체 운동 지능과 논리 수학 지능, 그리고 대인 관계 지능이 강점 지능으로 꼽혔다.

"어떠니? 강점 지능 그래프를 보니 잘 맞는 것 같아?"

고 선생님이 다가와서 영재에게 말을 걸었다.

"선생님, 신기해요. 제가 잘하고 못하는 것이 무엇인지 한눈에 보이네요?"

아이들은 모두 자신의 강점 지능에 흐뭇해했다. 그러다가 문득 자신의 강점 지능과 어울리는 직업이 무엇인지 궁금해졌다.

선생님은 각각의 지능과 관련된 직업을 표로 만들어 보여 주었다. 장래 희망을 막연하게 선생님, 의사, 변호사, 가수 등으로 이야기해 왔던 아이들은 자신들의 강점 지능에 맞는 직업을 보니 벌써 꿈을 이룬 것처럼 마음이 부풀었다.

| 강점 지능과 직업 |

지능	활동	대표적 직업
음악	리듬 패턴, 보컬사운드, 작곡 및 편곡, 영상물이나 공연의 배경 음악 선정, 악기 연주, 노래, 공연	음악 비평가, 작곡가, 연주가, 악기 제작자
논리 수학	추상적 공식, 도표 구조화, 수열, 계산법, 부호 해독, 삼단논법, 문제 해결	수학자, 회계사, 통계 전문가, 과학자, 프로그래머, 논리학자
공간	항해, 지도 제작, 체스 게임, 상상력, 색채 배합, 패턴, 디자인, 그림, 데생, 인지도, 조각, 사진	안내자, 정찰병, 사냥꾼, 건축가, 발명가, 예술가, 실내장식가, 디자이너
언어	공식 연설, 일기, 창작, 언쟁, 이야기, 만들기, 임기응변, 유머 및 농담	연설가, 이야기꾼, 정치가, 시인, 극작가, 편집자, 기자
대인 관계	피드백 주고받기, 타인의 감정에 대한 이해, 협력, 학습 전략, 일대일 대면, 공감, 분업, 집단 프로젝트	카운슬러, 교사, 심리치료사, 정치가, 종교지도자, 세일즈맨
자기 이해	반성적 사고, 사고 전략, 정신집중 기술, 고도의 추론	철학자, 신학자, 소설가, 심리학자, 어느 직업이든 기본적으로 가지고 있어야 하는 지능
자연 친화	관찰, 견학, 소풍, 여행, 하이킹, 자연보호, 모험심 기르기, 동물 기르기	식물학자, 과학자, 정원사, 수의사, 해양학자, 공원 관리사, 지질학자, 동물원 관리자
신체 운동	민속 창작춤, 역할극, 제스처, 드라마, 무술, 운동, 무언극, 스포츠	배우, 무언극 배우, 운동선수, 무용가, 공예가, 조각가, 기계공, 외과의사

자기주도학습에서 '나 발견하기'란, 진로 탐색을 위한 자신의 흥미, 재능, 강점을 파악하는 활동이다. 자신의 흥미와 재능은 스스로 관찰하거나 다른 사람과의 인터뷰를 통해 확인할 수 있다.

다중 지능 검사를 통해서는 강점 지능을 확인하고 나아가 강점 지능을 이용해서 도전할 만한 직업까지 확인할 수 있다. 이렇게 복합적으로 탐색해 보면 아이들에게 적합한 직업이 좁혀진다.

'나 발견하기' 활동이 끝날 무렵, 아이들은 표정이 밝아지고 유독 말들이 많아지고 활발해졌다. 자신에 대해, 서로에 대해 알고 나니 할 말이 많아진 것이다. 자기가 좋아하는 것, 또 자기가 잘하는 것을 발표한 뒤에 같은 조 친구들에게 박수를 받는 기분은 자존감이 낮은 학생들에게는 오랜만에 느껴보는 뿌듯함이었다. 그 기분 좋은 경험은 한 번의 경험으로 끝나는 것이 아니라 자신의 강점에 따라서 도전할 수 있는 직업군을 알아보고 그 각각의 직업이 어떤 일을 하는지 토론하고 정보를 나누는 데까지 나아갔다. 조금씩, 아주 조금씩 미래의 희망에 가까이 다가가는 것이다.

아이들의 밝은 모습을 지켜보던 우리들중학교의 선생님들도 말로 표현할 수 없는 뿌듯함이 벅차오르는 것을 느꼈다.

'누구에게나 자신의 몫으로 맡겨진 사람들이 있어. 때로는 아이들로 인해 부담도 느끼지만 아이들이 이렇게 즐거워하고 발전하는 모

습을 보면 보람이 느껴져.'

'그래, 내가 세상을 완전히 바꿔 놓을 수는 없지만 이 아이들에게 내가 가진 경험과 힘으로 희망을 심어 줄 수 있겠구나. 어쩌면 이제야 비로소 나의 사명을 만난 것일지도 몰라.'

'성적으로만 아이들을 평가해서는 안 돼. 누구나 다 성공할 수 있는 강점이 있으니까 말이야.'

어느새 점심시간이 되었다. 아이들은 학교에서 준비한 도시락을 먹고 재미있는 레크리에이션을 했다. 전교생이 강당이 떠나갈듯 힘차게 웃고 떠들었다. 이제 꿈 페스티벌 2부 순서가 남아 있다. 2부는 '세계 발견하기'로 시작됐다.

'세계 발견하기'란, '나 발견하기'의 결과로 찾아낸 직업 가능성을 가지고 아이들이 꿈꾸는 미래의 구체적인 모습을 만드는 활동이다. 꿈의 목록, 비전, 미션, 꿈의 문장 만들기 등의 활동을 먼저 진행한다. 그런 다음 그 결과를 모아서 '미래 인생 시나리오'를 구성하고 최종적으로 체계적인 장기 로드맵 테이블로 인생 비전을 선포하는 것이다.

고명석 선생님은 본격적인 '세계 발견하기'에 앞서 짤막한 이야기를 들려주고자 앞으로 나가서 마이크를 잡았다.

"여러분, 여러분에게 제가 아는 훌륭한 사람을 소개할게요. 바로 존 고다드라는 사람이에요. 1944년에 여러분처럼 열다섯 살이었던 소년 고다드는 우연히 방문에서 새어 나오는 엄마의 이야기를 듣게 되었습니다. 엄마는 이렇게 말했죠. “내가 젊었을 때 그 일을 했더라면 정말 좋았을 것을…….” 고다드의 엄마는 한참 동안 지나간 날에 대한 후회가 담긴 말을 했습니다. 소년 고다드는 엄마의 말을 듣고 잠시 생각에 잠겼다가 노란색 수첩을 꺼내 무언가를 적기 시작했습니다.

소년은 탐험할 곳, 공부해야 할 것 등을 적었죠. 큰 항목을 적은 뒤 그 항목 아래에 ‘이집트의 나일강’ ‘이글 스카우트 대원되기’ 등의 구체적인 내용을 적기 시작했습니다. 이렇게 적어 내려간 리스트는 ‘21세기를 맞이할 때까지 어떻게 해서든 살아남는다’라는 마지막 항목을 끝으로 완성되었습니다. 모두 127개나 적었습니다. 소년은 리스트 위에 ‘나의 꿈 목록’이라는 큰 글씨를 써 넣었습니다.

1972년 미국의 유명한 잡지 〈라이프〉에는 ‘한 남자의 후회 없는 삶’이라는 제목의 기사가 실린 적이 있었죠. 그 기사는 독자들의 뜨거운 반응을 불러 일으켰습니다. 그로 인해 〈라이프〉는 사상 최고의 판매 부수를 기록했습니다. 왠지 아십니까? 그 기사의 주인공인 존 고다드가 바로 32년 전 열다섯 살 소년 때 127개의 꿈의 목록을 작성한 것이었죠. 당시 그의 나이 마흔일곱 살이었는데 그는 127개의 꿈 중에 104개의 꿈을 이루었습니다. 어때요? 멋있죠?”

고 선생님의 이야기가 끝나자, 아이들이 술렁였다.

“와, 짱이다!”

§존 고다드의 꿈목록§

탐험할 장소

1. 이집트의 나일 강 ∨ / **2.** 남미의 아마존 강 ∨ / **3.** 아프리카 중부의 콩고 강 ∨ / **4.** 미국 서부의 콜로라도 강 ∨ / **5.** 중국 양쯔 강

……

원시문화 답사

9. 중앙아프리카의 콩고 ∨ / 10. 뉴기니 섬 ∨ / 11. 브라질 ∨ / 12. 인도네시아 보르네오 섬 ∨ / 13. 북아프리카 수단 ∨ / 14. 호주 원주민들의 문화 ∨ / 15. 아프리카 케냐 ∨

……

배워야 할 것들

37. 의료 활동과 탐험 분야에서 많은 경력을 쌓을 것(현재까지 원시부족들 사이에 전해오는 다양한 치료 요법과 약품을 배움) / **38.** 나바호족과 호피족 인디언에 대해 배울 것 ∨ / **39.** 비행기 조종술 배우기 ∨ / **40.** 로즈퍼레이드(캘리포니아에서 열리는 축제 행렬)에서 말 타기 ∨

……

여행할 장소

53. 북극과 남극 / **54.** 중국 만리장성 ∨ / **55.** 파나마 운하와 수에즈 운하 ∨ / **56.** 이스터 섬 ∨ / **57.** 바티칸 시 ∨ / **58.** 갈라파고스 군도 ∨ / …… **66.** 요르단 강을 따라 갈릴리 해에서 사해로 건너가기

……

해낼 일

…… **73.** 잠수함 타기 ∨ / **74.** 항공모함에서 비행기를 조종해서 이착륙하기 ∨ / **75.** 전 세계의 모든 국가들을 한 번씩 방문할 것(현재 30개 나라가 남았음) ∨ …… **94.** 말, 침팬지, 치타, 오셀롯, 코요테를 키워 볼 것(침팬지와 치타가 남았음) / …… **101.** 프랑스어, 스페인어, 그리고 아랍어를 배울 것 ∨ / …… **109.** 브리태니커 백과사전 전권 읽기(현재까지 각 권의 대부분을 읽었음) / **110.** 성경을 앞장에서 뒷장까지 통독하기 ∨ / …… **114.** 음악 작곡 ∨ / **115.** 피아노로 베토벤의 월광곡 연주 ∨ / …… **124.** 배를 타고 지구를 일주할 것(현재까지 네 차례의 일주를 마쳤음) ∨ / …… **125.** 달 여행 ∨ / **127.** 21세기에 살아 볼 것 ∨

"어떻게 그게 그렇게 쉽게 이뤄지지?"

"선생님, 실화인가요?"

고 선생님은 아이들의 질문에 일일이 답하지 않았다. 그보다 눈으로 보여 주는 게 좋겠다는 생각에 강당에 설치된 스크린에 존 고다드의 홈페이지에 있는 꿈 목록을 띄웠다. 실제로 이루어 낸 꿈에 붉은색 체크가 있었다. 아이들은 고다드의 꿈 목록을 유심히 봤다.

고 선생님은 고다드가 실제로 꿈을 이루는 영상도 유튜브에서 찾아 보여 주었다. 아이들은 조용한 분위기에서 영상물을 보았다. 화면 속에는 정말 꿈을 이루고 있는 존 고다드가 등장했다. 그의 꿈 목록에 있던 39번 꿈인 '비행기 조종하기'였다. 그가 정말로 경비행기를 조종하고 있다. 그 밖에도 고다드는 2번 꿈인 아마존 강을 탐험하고 9번 꿈인 콩고 탐사도 해냈다.

아이들은 이렇게 많은 꿈을 이뤄 낸 사람이 실제로 존재한다는 사실에 놀랐다. 영상이 끝나자 또 다시 질문이 쏟아졌다.

"선생님, 질문이 있어요! 고다드의 꿈 목록 125번에 우주비행사가 되어 달에 가겠다는 꿈도 있었는데 그 꿈도 이루어졌어요?"

"어떻게 되었을 것 같아요? 여러분들 생각에 그 꿈을 이루기는 힘들 것 같죠?"

"네! 그건 실패했을 것 같아요. 달은 아무나 가는 데가 아니잖아요."

"모두가 여러분과 비슷하게 생각했습니다. 하지만 존 고다드는

1980년에 우주비행사가 되어 달에 갔습니다. 열다섯 살에 그가 꾸었던 대부분의 꿈을 이룬 거죠."

"정말요? 대단해요!"

아이들은 마치 자기가 꿈을 이루기라도 한 것처럼 고다드의 일을 기뻐했다. 고 선생님의 이야기를 들은 아이들은 더욱 확실한 동기 의식을 갖게 되었다.

이제 아이들도 존 고다드처럼 자기만의 '꿈 목록'을 만들기 시작했다. 하고 싶은 것, 되고 싶은 것, 배우고 싶은 것을 적었다. 쉽게 이룰 수 있는 일부터 어려워 보이는 일까지 빠짐없이 모두 적어 내려갔다. 예전 같으면 불가능해 보이는 일들은 남들 눈치를 보면서 뺐을 테지만 존 고다드의 이야기를 통해서 용기를 얻었기에 어떤 꿈도 막힘없이 적을 수 있었다.

선생님들은 이미 꿈이 선명한 친구들에게는 자신의 꿈과 관련된 목록까지 적게 했다. 만약 요리사를 꿈꾸는 친구가 있다면 만들고 싶은 요리 목록을 적게 하고 외국의 전통 요리를 연구하고 싶다면 그 나라 이름까지 적었다. 의사를 꿈꾸는 친구들은 치료법을 개발하고 싶은 병의 목록도 적어 넣었다.

목록이 완성되자 선생님이 아이들에게 말했다.

"여러분, 지금까지 완성한 목록 중에 꼭 이루고 싶은 꿈 다섯 가지를 체크해 보세요. 그리고 올해 안에 꼭 이루고 싶은 일 한 가지를 더

골라 보세요."

꿈의 목록을 적고 발표하는 순간이 오자 분위기가 오를 대로 올랐다. 아직 꿈을 이룬 것은 아니지만 마치 꿈을 이룬 것처럼 아이들은 기뻐했다. 그도 그럴 것이 아이들은 지금껏 자신의 미래에 대해서 이렇게 밝고 기분 좋은 상상을 해본 적이 없었다.

기뻐하는 것은 아이들뿐만이 아니었다. 선생님들도 마찬가지였다. 그동안 선생님들은 학교 입장에서 아이들에게 공부만을 강조했던 적이 많았다. 그렇다보니 자연스럽게 아이들 한 사람, 한 사람을 평가하는 기준도 성적이었다. 선생님들은 기뻐하는 아이들을 보며 문득 이런 생각이 들었다.

'모두 가능성이 있는 아이들인데 그동안 성적으로 아이들을 평가해 왔구나. 성적이 좋은 아이들은 호의적으로 대하고 그렇지 못한 아이들에게는 게으르고 나태한 아이라는 평가를 내렸던 것 같아. 이제부터라도 시각을 달리해서 아이들을 보자. 이 아이들에게는 모두 자기만의 반짝이는 보석이 있는데 그걸 놓치고 있었던 거야. 공부를 잘하든 못하든 모두 똑같이 귀하고 아름다운 가치가 있다는 것을 기억하고 아이들을 대하자. 처음 교사가 되겠다고 생각했을 때 가졌던 그 마음처럼, 모든 아이들을 공평하게 대하고 그들의 각기 다른 꿈을 펼칠 수 있도록 한 사람 한 사람을 대하는 거야. 아이들에게 필요한 것은 평가가 아니라 관심과 사랑이야.'

선생님들은 마음에서 우러난 소리를 들었다. 꿈 목록 만들기는 아이들과 선생님 모두에게 억눌린 마음을 한 방에 날려 버리는 통쾌한 활동이었다.

"꿈 목록은 앞에서 했던 '나 발견하기'와 이제 진행할 '세계 발견하기'의 다리 역할을 할 것입니다. 여러분의 눈을 열어 주어 미래를 바라보게 도와주는 것이지요."

"선생님, 저의 꿈 목록을 다 이루면 저도 고다드 아저씨처럼 유명해질 수 있을까요?"

"야! 어떻게 너만 유명해지냐? 우리 학교 애들이 전부 다 꿈을 이루고 전부 다 유명해져야지."

꿈의 목록을 만든 다음에는 '꿈의 문장' 만들기를 했다. 꿈의 문장은 일종의 '사명 선언서'다. '나 발견하기'를 통해서 알아본 직업 세계 안에서 자신의 직업 비전을 세우고 그 직업 비전을 통해서 타인과 세상을 위해 어떤 역할을 해야 할지 기록하는 것이다. 꿈의 문장에는 자신의 직업, 직업을 통해 돕고 싶은 대상, 도움의 내용 등을 적는다. '꿈의 문장'을 잘 만들기 위해서는 우선 비전과 미션이 어떻게 다른지 알아야 한다.

고 선생님이 꿈의 교실 아이들에게 비전과 미션에 대해 설명했다.

"비전이란, 한 사람의 인생철학과 가치가 담겨 있는, 그래서 전 생애를 통해 궁극적으로 이루고 싶은 '한 가지 목표'를 말합니다. 그러면 지금 이야기한 비전은 앞에서 꿈 목록을 만들 때 적었던 꿈들과 어떻게 다를까요?"

정호가 뒤쪽에서 손을 번쩍 들었다.

"선생님! 제가 한번 얘기해 볼게요. 꿈 목록에는 살아가면서 이루고 싶은 '모든 것'을 적었잖아요. 비전은 인생에서 가장 중요한 '한 가지'고요."

이런 진지한 말을 하는 정호를 처음 본 아이들은 놀랐다. 심지어 쌍둥이인 민호조차도 정호에게 놀라움을 표했다.

"그래, 정호야 잘 이야기했어. 선생님은 여러분이 비전을 이야기할 때 가능하면 직업과 관련된 꿈을 담아서 표현하면 좋겠어요."

그렇게 말한 고 선생님은 다른 아이들이 적은 꿈의 문장을 보여 주었다.

"자, 여기 화면에 다른 친구들이 적은 '꿈의 문장'이 있는데, 혹시 공통점을 찾을 수 있을까요?"

나는 대한민국 최고의 만화가가 되어서 가난과 배고픔에 시달리는 아이에게 희망을 주고 싶다. 읽기 쉬운 만화로 인권과 자연의 소중함을 알리고, 어른들이 생각하는 행복, 즉 돈이 전부가 아니라는 것을 알리고 싶다. 내가 만화가가 되어 우리나라의 만화가 일본처럼 발전했으면

좋겠다. (초등 6학년 정OO)

나는 대한민국을 대표하는 방송작가가 되고 싶다. 방송작가가 되어 방송을 통해 삶에 지친 사람들에게 웃음을 전달하고 싶다. 그리고 그 일을 하면서 번 돈으로 고아원 아이들을 후원하고 싶다. (중학 1학년 문OO)

나는 요리로 행복을 전하는 요리사가 되어 한 달에 한두 번이라도 노숙자들이나 가난한 어린 아이들을 위해 맛있는 요리를 만들어 주고 싶다. 내가 만든 음식을 먹고 사람들이 행복한 표정을 지었으면 좋겠다. (중학 2학년 최OO)

저는 대한민국 하면 "아! 그 파티셰!"라는 말을 들을 수 있는 파티셰가 되고 싶어요. 특히 오지에서 못 먹어서 죽어가는 아이들, 당장 굶고 있는 아기에게 분유를 주어야 하지만 주지 못하는 아기 엄마, 돈이 없고 사회에서 인정받지 못하는 실업자들에게 꿈, 사랑, 희망을 주는 빵을 만들어 주고 싶어요. 작은 슈크림 빵에도 행복한 웃음을 머금을 수 있게 할 파티셰가 될 거예요. (중학 3학년 안OO)

화면으로 총 네 개의 '꿈의 문장' 샘플을 보고 난 후, 고 선생님과 학생들은 본격적으로 대화를 시작했다. 고 선생님의 질문에, 학생들이 자연스럽게 자기 생각을 이야기했다. 지은이가 제일 먼저 대답했다.

"선생님, 저 공통점 찾았어요. 네 개의 '꿈의 문장'은 모두 '무엇이 되고 싶다'는 표현이 있어요. 자기가 꿈꾸는 직업에 대해서 이야기를 한 거죠."

"잘 찾았어. 또 찾은 사람?"

이번에는 은비가 손을 들었다.

"문장 속에 자기가 도와주고 싶은 사람들이 꼭 들어가 있어요! 아이들, 가난한 사람, 지친 사람들, 오지의 사람들, 노숙자들, 모두 도움이 필요한 사람들이에요."

"잘 찾았구나. 아직 또 있는데, 찾은 사람?"

정호가 씩씩한 목소리로 대답했다.

"어떤 도움을, 어떤 방법으로 주고 싶은지 구체적으로 적었어요. 요리사와 파티셰는 음식과 빵을 주겠다고 했고, 만화가는 만화를 통해 인권과 자연의 소중함을 깨닫게 해주겠다고 했죠. 그리고 방송작가는 좋은 방송을 만들어서 웃음을 전해 주겠다고 하고요."

"정호가 마지막 한 가지를 찾았구나. 자, 그럼 이제는 꿈의 문장에서 '비전'과 '미션'을 구분해 봐요. 비전은 네 개의 문장 앞부분에 있는 '직업에 대한 꿈'이에요. 그렇다면 '미션'은 어디에 와야 하는지 모두 알겠죠?"

아이들이 입을 모아 대답했다.

"네, 당연히 뒷부분에 와야죠."

"누구를, 어떻게 돕겠다는 걸 구체적으로 표현하는 게 미션이에요."

"맞아요. 아까 비전이 인생의 한 가지 목표고 미션은 다른 사람과 세상을 위한 것이라고 하셨잖아요."

"그리고 또? 또 자기 생각을 말해 볼 사람 없나요? 정규야, 네가 한 번 이야기해 봐."

고 선생님이 정규에게 발표를 시킨 이유가 있었다. 정규는 꿈의 교실 아이들 중에 가장 눈에 띄게 달라졌다. 아직은 서툴지만, 자신과의 약속을 지키고자 노력하고 있는 것을 고 선생님은 알고 있었다. 그러나 정규는 고명석 선생님의 그런 생각을 눈치 채지 못했다. 자신을 지목할 줄은 꿈에도 몰랐는지 정규는 눈을 동그랗게 뜨고 주변의 아이들을 살폈다. 아이들의 시선은 모두 정규에게 향했다.

'내가 이걸 대답할 수 있을까?'

중학교에 들어와서는 한 번도 발표를 해본 적이 없는 정규는 가슴이 두근두근 뛰었다. 아이들도 모두 조용해졌다. 솔직하게 말해서 아이들은 정규가 놀토에 학교에 나와서 페스티벌에 참여한 것만으로도 깜짝 놀랐다. 정규는 잠시 머뭇거리다가 말했다. 얼굴이 빨개졌다.

"저, 제 생각에는…… 비전과 미션은 서로 연결되어 있는 것 같아요. 그러니까…… 비전을 가지고 세상을 돕는 것이 미션인 것 같은데요? 그러기 위해서는 도와줄 사람이 있고 그 사람들을 도울 방법이 있어야 되는데……. 저는 누구를 도와야 될지 모르겠어요.”

‘그래 정규야, 잘하고 있다. 계속 말해 봐.’

고명석 선생님은 정규에게 응원의 눈빛을 보냈다.

“다른 사람을 돕는 방법은 어렵지 않은 것 같아요. 직업을 통해 도울 수 있고……. 또 돈으로 도울 수 있어요. 여기 나온 꿈의 문장에는 이 두 가지가 다 들어 있는 것 같아요.”

‘우와, 정규가 발표하는 거 처음 본다!’

그동안 “몰라” “조용히 해” “시끄러워” 같은 말만 하고 욕을 많이 하던 정규가 이렇게 진지하고 논리적으로 말할 줄은 몰랐다는 표정이었다.

“그래, 맞다. 선생님이 정리해 주어야 할 내용을 정규가 아주 깔끔하게 마무리했어. 정규가 선생님보다 훨씬 나은데? 자, 그럼 정규 덕분에 선생님은 미션의 대상을 정하는 부분만 설명하면 되겠네요.”

고 선생님은 화면을 통해서 몇 명의 인물 사진을 보여 주었다. 먼저 ‘슈바이처 박사’의 사진이 보였다. 그리고 ‘테레사 수녀’의 사진이 지나갔다. 그 다음에는 ‘조지 뮐러’의 사진도 지나갔다. 아이들은 퀴즈를 푸는 시간이라도 되는 것처럼 사진 속 주인공의 이름을 외쳤다.

“아인슈타인이요!”

"테레사 수녀님이요!"

"……뉴턴인가?"

고 선생님은 아이들에게 정답을 알려 주었다.

"당시에 살던 사람들도 아인슈타인과 이 사람이 너무 닮아서 헷갈려했어요. 첫 번째 사진 속의 인물은 아인슈타인이 아니라 슈바이처 박사입니다. 선생님이 정말 비슷해 보이는 사진으로 가져왔네요. 두 번째는 여러분이 말한 게 맞았고 세 번째는 조지 뮐러라는 분이에요."

"이번에도 공통점 찾기예요?"

"아니, 굳이 공통점을 찾을 필요는 없어요. 이분들은 어떤 한 가지 대상에 마음이 끌려서 자신의 비전을 모두 쏟은 사람들이에요. 슈바이처는 어떤 사람들을 위해서 평생 동안 헌신했죠?"

"아프리카 원주민이요."

"그럼 테레사 수녀님은?"

"인도의 가난한 사람들이요."

"조지 뮐러는?"

"선생님, 솔직히 그 사람은 아까 사진이 나올 때부터 잘 모르겠어요. 유명한 사람 맞나요?"

한 아이의 솔직한 답변에 아이들이 일제히 깔깔 웃음을 터뜨렸다.

"조지 뮐러는 평생 고아들을 사랑하신 분이에요."

고명석 선생님은 이 세 사람의 마음속에는 다른 사람에 대한 '아름다운 부담감'이 있다고 이야기했다. 이 '아름다운 부담감'을 갖기 위해서는 특별한 계기나 사건이 필요했다. 학생들에게는 '아름다운 부담감'이라는 개념이 다소 어려울 수도 있을 것 같았다. 하지만 의미와 방법은 알려 주어야겠다고 생각해서 꿈 페스티벌 프로그램에 포함시켰다.

"여러분들이 이제 쓰게 될 '꿈의 문장'은 앞으로 살아가면서 얼마든지 수정되고 다듬어질 것입니다. 오늘 여러분은 그 방법을 배우는 겁니다. 미션을 정하는 것에 대해 너무 심각하게 고민하지 말고 간단하게 생각하면 됩니다. 즉, 나에게 재능이 있고 그 재능을 살려 직업도 가졌는데 그 직업으로 누구를 도와주면 좋을까? 이렇게 간단하게 생각하면 됩니다. 예를 들어서 게임을 만드는 데에 비전이 있다면?"

정호, 민호 쌍둥이가 외쳤다.

"저희 같은 애들이 행복하겠죠. 히히."

"변호사가 되고 싶다면?"

"억울한 사람들이 도움을 받을 수 있어요."

"억울한 사람 중에서도 특히 돈이 없어서 변호사를 구하지 못하는 사람들에게 더 도움이 될 것 같아요."

"사회복지사는?"

"사회복지가 필요한 경제적으로 어려운 사람들이죠."

"청소년 상담사가 꿈인 학생이라면?"

"마음에 상처를 입고 어려움을 겪는 청소년들에게 도움을 줄 수 있어요."

"여러분이 대답을 척척 해 주어서 설명은 안 해도 되겠네요. 그럼 이제 꿈의 문장 샘플을 참고해 '나 발견하기' 결과를 바탕으로 비전 문장부터 씁시다. 그런 다음 적절한 대상을 떠올리면서 누구에게 어떤 도움을 줄지, 미션이 포함된 '꿈의 문장'을 만들어 볼까요?"

아이들은 저마다 진지하게 '꿈의 문장'을 작성했다. 지금껏 한번도 생각해 보지 않았던 새로운 어휘와 의미로 가득한 시간이었다.

선생님들의 친절한 설명과 구체적인 사례들을 통해서 아이들은 조금씩, 조금씩 자신의 인생을 계획하는 '플래닝'을 완성했다. 지금 이 시간만큼은 딴짓을 하는 학생이 없었다. 오히려 아이들은 자신들이 존중받고 있다고 느끼며 꿈의 문장을 쓰는 데 열중했다.

고 선생님은 다른 선생님들과 함께 학생 한 명 한 명을 돌아보며 눈을 맞추고 내용을 확인하고 격려했다. 얼마의 시간이 흐른 뒤, 저마다 작성한 꿈의 문장을 들고 나와 조별로 모여 앉아 발표를 했다. 그리고 각 조에서 가장 많은 추천을 받은 문장을 쓴 아이들 몇 명이 앞으로 나와 친구들 앞에 섰다.

저는 최고의 프로그래머가 되고 싶습니다. 집이 가난해서 부모님이 장난감을 사주지 못하는 아이들에게 재미있고 신기한 게임을 만들어 주고 싶습니다. 그리고 프로그래머가 되어 번 돈으로, 열심히 노력은 하지만 위로 올라가는 데에 실패한 프로그래머 지망생들에게 무료 강연을 하고 책을 한 권씩 사 줘서 돕고 싶습니다. (우리들중 2. 강정호)

저는 대한민국에서 가장 아름다운 여자 경찰관이 되고 싶습니다. 여중생과 여고생들이 나쁜 길로 빠지지 않도록 바로잡아 주는 엄마 같은 여경이 되고 싶습니다. 그리고 사회에서 일어나는 여러 가지 청소년 문제들을 바로잡아서 학생들이 밝게 자라고 꿈을 펼칠 수 있도록 울타리가 되어 주고 싶습니다. (우리들중 1. 유지현)

저는 한국이 자랑하는 세계적 싱어송 라이터가 되고 싶습니다. 싱어송라이터이면서 뮤직 아티스트로 활동하고 나이가 들어서는 엔터테인먼트의 대표가 될 것입니다. 저처럼 아티스트들의 노래를 밤을 새어서라도 찾아 듣는 학생들을 위해, 그리고 실연에 빠진 사람들을 위로하기 위해, 지루함에 지친 사람에게는 자극제가 되기 위해, 또 어떠한 조건에 구애받지 않고 음악을 즐기는 사람들을 위해, 마지막으로 음악에 대한 열의가 솟구치는 열정적인 청소년들을 위해 노래를 만들고 싶습니다. 단지 유행을 따라가는 아티스트가 아닌 새로운 문화를 창조하는 아티스트가 될 것입니다. (우리들중 3. 이해성)

발표를 하는 아이들의 얼굴에는 뿌듯함과 자신감이 묻어났다. 꿈 페스티벌이 아니었다면 이런 경험을 하지 못했을 것이다. 발표가 끝나고 이제 꿈 페스티벌의 꽃, 마지막 활동이 남았다. 세계 발견하기의 마무리 단계인 '장기 로드맵' 활동이다. 장기 로드맵은 직업 비전을 이루는 시점을 예측하고 상상하는 것이다.

우선 직업과 관련된 대학에 입학하고 전공 공부를 시작하는 시점부터 성공하기까지의 과정, 성공 이후의 세상을 위해 헌신하는 삶까지의 전 과정을 나이와 연도별로 정리하여 체계화한 '비전 지도'를 만들었다. 비전 지도를 바탕으로 각각의 나이에 이루어야 할 목표와 지위뿐만 아니라, 그 목표를 이루기 위한 준비 요소, 네트워크, 역할 우선순위, 비용까지 예상해야 한다.

고 선생님은 아이들에게 장기 로드맵을 설명하기 위해서 많은 자료들을 준비해 놓았다.

고 선생님은 아이들에게 꿈의 문장을 바탕으로 '비전 지도'를 만들도록 했다. 이 작업을 위해서 먼저 고 선생님은 두 가지 준비 과정을 소개했다. '미래 이력서'와 '인생 시나리오' 만들기였다. 선생님은 스크린을 통해서 이원설이라는 사람의 사진과 이야기를 소개했다.

이원설은 젊은 시절 미국으로 유학을 갔던 어느 날, 나라에 도움이 되는 사람이 되겠다고 결심하게 된다. 그리고 그 결심을 미래의 이력서를 쓰는 것으로 구체화시켰다. 50년 후의 자신의 이력서를 작성해 보고 이력서에 쓰인 자신의 꿈들을 하나씩 실현하겠다고 다짐한 것이다.

그가 이력서에 적은 내용들, 즉 박사 학위를 받고 난 이후부터 대학교수, 학장, 대학 총장이 되기까지는 결코 쉬운 과정이 아니었다. 그러나 50년 후에 그가 이룬 실제 이력서는 50년 전 꿈꾸며 썼던 이력서와 거의 비슷했다.

이원설은 구체적으로 꿈을 꾸었고 자신이 어떠한 길로 가야 할지 방향을 알았다. 그리고 목표한 바가 뚜렷했기 때문에 차근차근 그 길을 갔다. 결국 그는 그가 계획했던 것보다 더 빨리 그의 꿈을 이룰 수 있었다.

마치 만화 스토리 같은 실화가 아이들의 마음에 꽂혔다.

"선생님, 정말이에요? 이것도 진짜 있었던 이야기인가요?"

"그래, 사실이야. 이게 바로 너희가 만들어야 할 '미래 이력서'라는 것이지. 여기 소개된 이분처럼 너희도 충분히 꿈을 이룰 수 있어."

아이들은 바로 자신의 미래 이력서를 만들기 시작했다. 다른 학생들의 샘플을 보면서 더욱 수월하게 작업을 진행했다. 미래 이력서가 만들어지자 그 내용을 바탕으로 인생 시나리오 만들기에 들어갔다.

인생 시나리오는 미래 이력서보다 더 구체적으로 미래를 구상해 보는 활동이다. 시나리오가 장소, 시간, 등장인물 등을 모두 기록해 영화 장면을 생생하게 그리는 것처럼 인생 시나리오도 그와 마찬가

1958년 미국에서 유학 생활을 하던 한 한국 학생이 기숙사 옆 공원 벤치에 앉아 있었다.

"나라의 도움이 없었다면 여기에 와서 이렇게 공부할 수 없었을 거야. 나는 과연 나라를 위해서 무슨 일을 할 수 있을까. 아! 그래, 미래 이력서를 작성해 보자."

그는 종이를 꺼내서 미래의 목표와 경로를 작성하기 시작했다. 먼 훗날, 그는 《50년 후의 약속》이라는 책에서 자신의 미래 이력서와 실제 이력서를 공개했다.

이원설의 미래 이력서	이원설의 실제 이력서
2000년 은퇴 1992~1999년 대학총장 1985~1991년 대학원장 1980~1984년 학장 1972~1979년 한국 대학에서 교수 1968~1971년 미국 대학에서 교수 1961~1967년 한국 대학에서 조교수 1960년 박사학위 취득	1985년 대학교 총장 1982년 대학교 부총장 1969년 단과대학 학장 1964년 한국 문교부 고등교육국장 1961년 박사학위 취득

지로 구체적으로 그려 보는 것이다. 완성된 인생 시나리오를 읽으면 미래의 내 모습이 떠올라야 한다.

인생 시나리오를 완성한 아이들은 조별로 발표를 했다. 시나리오의 완성도가 높은 몇몇 학생이 무대로 나와서 전체 학생들 앞에서 발표를 했다. 인생 시나리오는 단순히 나이를 구분했던 미래 이력서보다 더욱 구체적인 스토리와 상황이 펼쳐졌다. 학생들은 다른 친구들의 이야기에 푹 빠져서 경청했다.

- **인생 시나리오**

19세 : 어느덧 졸업이 코앞이다. 미술 학원을 다닌 적도 없었고 그저 독학으로 그림을 그리던 내가 드디어 디자인학과를 졸업하게 되었다.

20세 : 특성화 학교를 나온 나는 그동안 쌓은 실력과 자격증으로 취업을 했다. 작은 디자인 회사지만 나름대로 인정받은 회사라 기분이 좋다. 야간 대학에 입학해 학위를 따려고 한다. 힘들지만 잘 해낼 수 있다.

27세 : 회사를 3년 다니고 홍대 디자인학과를 졸업했다. 자부심을 느낀다.

30세 : 캘빈 클라인에서 일하게 된 지 어언 3년째. 내가 디자인한 상품들은 대부분 히트를 쳤다. 여성스럽고 편안한 디자인으로 주목 받았다. 샤넬에서 디자이너 제의가 들어왔다.

34세 : 마침내 세계적인 브랜드 샤넬의 수석 디자이너가 되었다. 나는 내 꿈을 이루고 말았다. 드디어!

38세 : 나의 브랜드 론칭과 함께 '세계의 디자이너 50인' 중 1인으로 뽑혔다. 나에게는 과분한 타이틀인 것도 같다. 그러나 내가 만든 옷을 좋아하는 사람들에게 기대를 저버리지 않겠다고 다짐, 또 다짐했다.

인생 시나리오 작성을 끝으로 전체적인 그림을 완성했다. 선생님들은 아이들에게 장기 로드맵 시트를 나눠 주었다. 마치 보물섬을 찾아가는 보물 지도 같은 로드맵 시트를 보면서 아이들은 자신의 꿈을 향해 항해를 떠나는 기분이 들었다. 한 선생님이 아이들에게 장기 로드맵의 특징에 대해서 설명했다.

"여러분, 우리는 지금까지 일반적으로 직업을 찾아가는 과정과는 반대의 방향으로 계획을 짜고 있어요. 조금 더 정확히 이야기하면 계획을 짜는 '플래닝' 그 자체가 선배들이 했던 것과 판이합니다.

대부분의 학생들은 자기가 무엇을 잘하는지 좋아하는지 생각하지 않은 상태에서 성적과 등수를 위해서 공부하다가 고1 때는 수학 점수에 따라 문과와 이과를 결정하고 고3이 되면 성적에 맞는 대학과 학과를 결정했죠. 졸업할 무렵에는 여러 사람들이 선호하는 기업에 원서를 넣어서 자신의 대학 전공과는 상관없는 직장에 들어가곤 했답니다.

여러분은 지금 정반대로 진행하고 있어요. 자신의 강점을 먼저 찾고 그 다음 자신의 꿈과 미래를 설계한 뒤에 그 과정으로서의 학과

| 장기 로드맵 |

	19세/2015년	26세/2022년	33세/2029년	40세/2036년
시기별 목표 (지위)	• 경희대 컨벤션학과 학생	• 유명 전시기획사 취업(현재는 동아전람, 서울컨벤션서비스)	• 코엑스 전시기획팀 팀장	• 컨벤션 기획사 대표
해야 할 공부 및 갖추어야 할 자격증	• 컨벤션 산업학 전공 • 1~2년 어학연수를 통한 영어 회화 능력 습득 • 토플 550점 • 일본어능력시험 3급 • 국제회의 인턴십 지원 • 컨벤션 2급 자격증 • 각종 컨벤션 관련 행사 참관	• 컨벤션 1급 자격증 취득 • 국외 컨벤션 참관 • 토플 600점 • 일본어 능력시험 1급	• 다양한 분야의 컨벤션 프로세스 마련 • 컨벤션 인재 양성을 위한 프로그램 참여 • 독보적, 독창적 컨벤션 기획을 통해 새로운 도약 • 경영, 마케팅 관련 석사 학위	• 쌓아 온 실력과 경력을 바탕으로 독보적인 컨벤션 기획 프로세스 마련 • 마케팅 박사 학위
네트워크 (관계 구축)	• 컨벤션 관련 클럽 가입 • 인턴십 혹은 아르바이트를 통해 형성된 인맥을 정규화	• 다양한 사업을 통해 마련된 네트워크 관리 및 유지 • 다양한 행사 참관을 통해 네트워크 형성	• 다양한 해외 합작 전시를 유치하여 해외 네트워크 마련 • 클라이언트들을 만족시켜 장기적 고객화	• 프로모션과 효율적 마케팅을 필요로 하는 기업 대표자들과의 네트워크 형성
가장 소중한 역할	• 효도하는 딸 • 부지런한 학생	• 활동적이며 능률적인 직원	• 유능하며 긍정적인 팀장 • 자상한 엄마	• 자체 프로그램을 통해 유능한 인재 양성

를 탐색하고 그 학과에 따라 문과냐 이과냐를 선택하는 것이죠. 그리고 그 학과가 있는 학교 중에 가고 싶은 학교의 전형을 살펴서 그에 맞는 준비를 해야 합니다. 성적 관리, 봉사 활동, 독서 활동 및 다양한 경험 등을 쌓아야죠. 한마디로 여러분 선배들처럼 지금에서 시작해 먼 미래까지 계획하는 게 아니라 그 반대 방향, 즉 먼 미래에서 시작해서 지금의 시점으로 플래닝하는 거랍니다. 많이 다르죠?"

"선생님, 미래 이력서와 인생 시나리오를 보면서 얼추 내용들을 넣을 수 있겠는데요. 그래도 도저히 할 수 없는 게 있으면 빈칸으로 남겨도 돼요?"

"저도요 선생님, 학과와 학교를 못 적겠어요. 그리고 졸업 이후에 구체적으로 어떤 일부터 시작해야 할지 정보가 없어서 바로 쓰기가 어려워요."

"선생님, 저는 네트워크를 채우는 게 어려워요."

아이들이 여기저기서 어려움을 호소했다.

"여러분, 여러분이 단 하루 만에 장기 로드맵을 완벽하게 만들기는 어렵다는 걸 예상하고 있었어요. 먼 미래의 일인데 당연하죠. 그러니까 지금 당장 장기 로드맵을 다 채우려고 욕심 부리지도 않아도 돼요. 그래도 이쯤 되면, 내가 뭘 모르는지는 알 수 있겠죠?"

"네!"

장기 로드맵을 완성한 친구들도 일부 있었다. 고 선생님은 완성된 결과물을 강단 앞 게시판에 붙이고 다른 아이들이 자유롭게 관람할 수 있도록 '전시회 코너'를 만들었다. 아직 장기 로드맵을 완성하지 못한 아이들은 다른 친구가 만든 샘플을 보면서 많은 도움을 얻을 수 있을 것이다.

이렇게 해서 우리들중학교의 특별반, 꿈의 교실에서 개최한 '제 1회 꿈 페스티벌'은 막을 내렸다. 아이들은 자신의 '꿈의 문장'을 적은 종이를 예쁘게 오려 타임캡슐에 넣었다.

꿈의 문장이 담긴 타임캡슐을 모두 모아 학교 화단 중앙에 마련된 공간에 보관하는 세리머니 시간을 가졌다. 고 선생님은 페스티벌을 마무리하면서 가장 열심히 참여해 준 몇 명을 선발해 인터뷰하는 장면을 영상으로 담기도 했다.

아름다운 시간이었다. 학생들의 얼굴은 붉게 상기됐고 선생님들도 이루 말할 수 없는 보람을 느꼈다. 처음에는 어느 날 갑자기 특별반을 맡으면서 우리들중학교에 나타난 고명석 선생님에 대해 불편한 시선을 보내던 몇몇 선생님들 역시 고 선생님을 신뢰하게 되었다.

진로 설계를 위한 우리들의 축제

핵심만 뽑아 보는 꿈의 교실

★ 꿈의 교실에서 이용한 진로 진단 시스템은? △ △△△△

'△ △△△△'을 통해서 꿈 찾기 행사를 진행한다. △ △△△△을 정확히 표현하면 진로 탐색 및 진로 설계 프로그램을 단기간에 진행하는 것이다. 축제처럼 하루 행사로 진행하기도 하고, 몇 회에 걸쳐 진행하기도 한다.

△ △△△△을 진행하기 전에 참가하는 학생들의 목표 설정에 대한 지금 상태를 진단하는 설문조사를 한다. 그 내용은 꿈과 목표에 대해 아이들이 현재 어떻게 인식하고 있는지 12가지 문항으로 나누어 구성했다.

진로 설계 프로그램으로 목표를 설계한 학생들은 일 년에 한 번 씩 그 목표를 수정하거나 확인하는 시간이 있고 그 인생의 목표를 이루기 위한 '공부 목표'를 세우는 '공부 로드맵'은 매년 3월에 점검한다.

답: △ △△△△ 꿈 페스티벌

★ 꿈 페스티벌에서 가장 비중 있게 다룬 활동 두 가지는? □ □□□□, △△ △△△△

꿈 페스티벌은 크게 두 가지 활동으로 진행된다. □ □□□□와 △△ △△△△다. □ □□□□에서는 자신의 흥미와 재능, 강점과 성향 등을 확인한다. 흥미와 재능에 대한 자신의 경험을 목록으로 기록하고 또한 다른 사람과의 인터뷰를 통해 자신의 재능을 확인하여 그 세 가지의 일치점을 찾아보는 것이다.

여기에 강점 진단이나 성향 진단을 통한 과학적인 진단 결과로 자신의 미래 직업 가능성을 찾아본다. 경험의 결과와 진단의 결과를 모두 종합하여 몇 가지 직업 선호도가 나온다면, 그 속에서 현시점에 가장 선호되는 직업을 선정하여 그것으로 미래 직업 비전을 설정해 본다. 물론 그 직업 비전은 얼마든지 바뀔 수도 있다. 중요한 것은 자신을 발견한 후에 △△ △△△△ 과정도 멘티 스스로 진행해 보는 것이다.

직업 비전에 더하여, 자신의 재능과 직업을 통해 세상을 위해 어떤 역할을 할 것인지 생각하는 '미션' 탐색을 하며 미션에서는 도움의 대상, 도움의 내용을 찾고 그 내용을 모두 담아 '꿈의 문장'을 작성한다.

그리고 비전과 미션을 시작으로 자신의 미래 꿈을 이루었다고 가정한 결과 이미지를 만드는 활동을 진행한다. 이 과정에서는 미래 이력서와 인생 시나리오를 거쳐 장기 로드맵을 작성하는 단계로 마무리된다. 장기 로드맵 활동은 추가적인 조사를 통해서 더욱 구체화될 수 있다.

답 : □ □□□□ 나 발견하기

△△ △△△△ 세계 발견하기

5

우리들이 만드는 공부 습관

자기주도학습으로 공부의 맛을 알아가는 특별 프로젝트 리얼 현장 이야기 꿈의 교실

꿈 페스티벌이 끝난 후, 고명석 선생님과 김지원 선생님의 눈에는 아이들이 부쩍 자란 것 같았다. 아이들이 아직 등교하지 않은 이른 아침, 두 선생님은 교무실에서 차를 마시면서 꿈의 교실 아이들에 대해 이야기를 나누었다. 김 선생님은 문득, 꿈의 교실 아이들과 처음 플래닝을 시작하던 날이 생각났다.

"얘들아, 이제부터 내가 너희의 플래닝 멘토야."

"멘토? 멘토가 뭐야?"

"멘토스 아니냐? 사탕 이름. 큭큭."

아이들은 김지원 선생님이 말하는 멘토가 무엇인지 몰랐고 알고 싶지도 않았다. 그저 장난치고 농담을 주고받느라 바빴다. 하지만 그런 가운데서도 김 선생님과 '플래닝 멘토'에 호기심이 아주 없지는 않았다.

"멘토란, 다른 사람을 돕는 역할이야. 도움을 받는 역할은 '멘티' 또는 '프로테제'라고 한지. 그러니까 너희들은 나의 멘티고 나는 너희들의 멘토야.

옛날에 오디세우스 왕에게 아들 텔레마코스가 있었어. 오디세우스는 전쟁에 나가면서 아들의 교육을 자신의 친구인 멘토에게 맡기게 돼. 그 이후로 멘토는 왕자의 친구이자 선생, 상담자이자 아버지가 되어 주었어. 그 사람의 이름에서 멘토라는 말이 유래한 거야."

아이들은 김지원 선생님의 말이 무슨 뜻인지 모르겠다는 듯 설명을 들은 후에도 묵묵부답이었다.

"흠……. 그냥 쉽게 설명해 줄게. 간단하게 말해서 멘토는 너희를 도와주고 이끌어 주는 사람이야. 특히 나는 너희들의 플래닝을 전담할 거야."

"플래닝이라고 하면 그 첫날에 나눠 주신 종이에 적힌 그거요?"

"그렇지. 그게 너희들이 트레이닝해야 할 플래닝 활동의 핵심이야."

아이들은 김 선생님의 대답을 듣자마자 다시 어수선한 분위기로 돌아갔다. 첫날 받았던 안내서에 빼곡히 적힌 약속들이 떠올랐기 때문이다. 예습, 복습, 수업이 끝나면 또 복습, 집에 가서 복습이라

> 꿈의 교실의 약속

일 년 약속

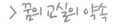

- '꿈 페스티벌'을 통해 '장기 로드맵' 세우기
- 3월과 9월에는 '학기 공부 로드맵' 세우기
- 내신 시험 3주 전 '시험 플래닝'
- 방학 1주 전 '방학 플래닝'

한 달 약속

- 금요일 마지막 수업 후에 주간 피드백
- 플래너 항상 휴대
- 수업에서 배운 내용을 바인더에 정리, 모음
- 공부 바인더의 내용은 일주일에 한 번 세부 바인더로 정리
- 시험 후에 시험 피드백 실시
- 진로가 같은 친구들과 방과 후 모임

하루 약속

- 1교시 전에 할 일: 하루 플래닝, 5분 예습(오늘 배울 과목에 대한 질문 만들기)
- 수업 중에 추가 질문 하나 더 만들기
- 수업 직후에 2분 복습하기
- 수업 끝나고 그룹별로 또래 지도(Peer Tutoring)
- 하교 후에 오늘 수업한 내용 과목별로 15분씩 복습
- 자기 전에 하루 플래닝 피드백하기

니……. 아이들은 그것을 결국 공부를 엄청 많이 하라는 의미로 받아들였다. 동시에 아이들은 저절로 이런 생각을 떠올렸다.

'대충 하는 시늉만 하지 뭐.'

'설마 다 검사하겠어? 안 해도 모를 거야.'

'딱 보니까 저 샘은 무서워 보이지도 않네.'

김 선생님 역시 꿈의 교실 아이들이 어떤 생각을 하는지 알고 있었다.

"처음에 아이들이 어찌나 저를 만만하게 보는지, 이런 일을 수도 없이 겪었지만 그래도 약간 당황스러웠어요."

"그건 아마 선생님께서 체구도 작으시고 유순해 보여서 그랬을 거예요. 아이들은 눈에 보이는 대로만 판단하니까요."

"네. 그렇죠."

"선생님께서 얼마나 많은 아이들을 가르쳤고 또 부드러움 속에 카리스마가 있는 분인지 그 녀석들이 알 리가 있나요? 하하."

"카리스마요? 저랑은 어울리지 않는 단어예요. 고 선생님은 카리스마 그 자체지만요."

이야기를 나누던 도중에 김 선생님은 언제나 그렇듯이 해맑은 표정으로 활짝 웃었다.

"그럼 김 선생님께서는 언제부터 그렇게 아이들을 능숙하게 가르치게 되신 거죠? 설마 처음부터 그러셨던 건 아니죠?"

"처음엔 전혀 아니었어요. 저도 사람인지라 처음에는 아이들 때문에 속상한 일도 많았고 심지어 운 적도 많아요. 아이들이 약속한 건 하나도 안 지키면서 지켰다고 거짓말하고 저보다 덩치가 두 배, 세 배 큰 녀석들이 대들고 제 말을 완전히 무시했거든요. 딴에는 최대한 무섭게 혼내도 이 녀석들이 눈 하나 깜짝 안 하는데 '아, 이게 아니구나! 뭔가 잘못됐구나' 싶었어요. 그래서 지도 방법을 완전히 바꿨어요."

김지원 선생님은 우선, 아이들에게 다가가는 방법부터 바꾸기로 했다. 일단은 아이들 백 명이 모여 있으면 백 명 모두 다르다는 사실을 인정했다. 똑같은 약속을 해도 아이들 중에는 약속을 잘 지키는 아이가 있고 못 지키는 아이가 있다. 또 선생님이 가르치는 대로 수월하게 따라오는 아이가 있는가 하면 따라오는 것 자체가 매우 버거운 아이도 있다.

김 선생님은 일단 아이들을 '평가'하는 것부터 그만두기로 했다. 마음속 깊은 곳에 자리 잡고 있던 생각, 즉 약속을 잘 지키고 수업을 잘 따라오는 아이는 유능하고 그렇지 못한 아이는 무능하다는 잣대부터 없애기 위해서 부단히 애를 썼다.

'평가'라는 잣대를 버리고 아이들을 바라보니 아이들이 예전과는 완전히 달라 보였다. 더 이상 아이들에게 인상을 쓸 일도 화낼 일도 없었다. 대신에 아이들 한 사람, 한 사람에게 깊은 관심과 꾸준한 믿음을 베풀었다. 말이 쉬워 깊은 관심과 꾸준한 믿음이지, 예전에는 엄두도 낼 수 없던 것들이다. 하지만 아이들을 바라보는 눈이 달라지자 크게 어려운 일도 아니었다.

그 후로 김 선생님은 플래닝 프로그램에 적응하지 못하는 아이가 있으면 적응할 때까지 믿고 기다려 주었다.

'적응 속도가 느린 아이들에게도, 의지가 부족한 아이들에게도 필요한 것은 오직 시간이다. 시간만 주어지면 아이들은 변한다. 반드시 변한다.'

김지원 선생님은 이러한 믿음을 버리지 않았다. 선생님이 먼저 믿음을 버리지 않고 아이들을 끌어가자 아이들이 따라왔다.

"모든 아이들이 훌륭한 인재로 변할 수 있다는 믿음이 유지된 데에는 저만의 비결이 있어요."

"그게 뭔가요?"

"정말로 모든 아이들이, 한 명의 아이도 빼놓지 않고 모두 변했다는 사실이에요. 제가 믿음을 준 아이들은 전부 변했어요. 한 명도 실패하지 않았으니 성공률이 100퍼센트인 거죠."

이렇게 말을 하는 도중에 김 선생님의 얼굴에 만족스러운 미소가 번졌다.

"대단하십니다. 김 선생님! 선생님은 말 그대로 성공률 100퍼센트의 신화네요. 하하. 꿈의 교실 아이들과도 성공률 100퍼센트 꼭 이어

가시길 바랍니다."

"물론이죠, 고 선생님."

그때 일과의 시작을 알리는 차임벨 소리가 울렸다.

아이들은 저마다 책상에 노트와 바인더를 올려놓고 뭔가를 각자 쓰기 시작했다. 열여섯 명의 아이들은 모두 똑같은 노트와 바인더를 갖고 있다. 노트의 첫 페이지에는 꿈의 교실이 시작되던 첫날, 고 선생님과 김 선생님이 나누어 준 인쇄물이 반듯하게 붙어 있었다.

학교에 오자마자 무엇을 이렇게 열심히 적고 있는 걸까? 아이들은 '아침 플래닝' 시간을 보내고 있었다. 아침 플래닝은 말 그대로 아침에 일교시가 시작되기 전에 그날의 일과를 계획하는 시간이다. 먼저 24시간 중에 혼자서 활용할 수 있는 시간을 찾아 그 시간을 어떻게 활용할지를 계획한다.

이때 그날의 목표도 함께 정하는데, 목표는 공부 목표와 공부 외의 목표가 있다. 공부 목표에 대해서는 무슨 과목을 어떤 교재로 얼마만큼 공부할 것인지 체크한다. 공부 외의 목표는 본인이 좋아하는 것이라면 무엇이라도 상관없다. 책을 읽어도 되고 친구들과 운동을 해도 되며 아무것도 하지 않고 쉬어도 된다. 심지어 '스트레스 해소를 위한 컴퓨터 게임'이라고 적어도 된다.

아침 플래닝이 모두 끝나면 아이들은 이제 오늘 배울 과목의 교과

Daily Plan

목표 셀공 시간	실제 셀공 시간	하루 평가
3 시간 분	1 시간 분	◔

9월 24일

오늘의 시간

시간	시간 배치	실행
AM 06		
07		
08	학교	↕
09	(계발	
10	활동)	
11		
PM 12		
01		
02	국어!	↕
03	수행평가	
04	2조 모임	
05		
06		
07		
08		
09	과학	
10	Study~	
11		↕
AM 12		
01		
02		
03		
04		
05		

오늘의 계획

	과목	자료	방법	분량	우선 순위	달성표
Study	과학	자습서	문제 풀기	3강	2	◔
	국어	교과서	대본 연습	1회	1	●
						⊗
						⊗

Event	정아네 집에서 저녁 먹기
	주간 피드백 타임 지키기!

활동 관리 목록	실행 ○△×
1. 목표한 시간에 일어났나요?	○
2. 오늘 계획 세우는 시간을 가졌나요?	○
3. 컴퓨터, 휴대전화를 잘 통제했나요?	×
4. 다른 사람을 한 번 이상 칭찬했나요?	○
5. 스스로를 격려하는 시간이 있었나요?	△

오늘을 돌아보며	
오늘의 Good Point	2조 모임 : 애들이랑 완전 친해짐~ 대본연습 재밌었음!
오늘의 Bad Point	TV!!!! ㅠ 토요일 오후부터 TV 시청... 과했어 ㅠ
내일을 위한 준비	시험 플래닝 2주차 고고씽~~

서를 꺼내 미리 훑어보는 5분 예습을 한다. 이 5분 예습에 대해 김 선생님이 설명했을 때 꿈의 교실 아이들도 처음에는 5분 만에 무슨 예습을 할 수 있겠느냐는 반응을 보였다. 하지만 5분 예습은 생각 외로 효과가 높았다.

"5분 예습은 수업이 시작되기 직전에 간단하게 교과서의 목차와 내용을 훑어보는 예습법이에요. 5분은 짧은 것 같지만 그렇지 않습니다. 예습을 너무 많이 해도 수업에 흥미를 잃어버리는 부작용이 있어요. 공부 희열도가 낮아지는 거죠. 하지만 이 5분 예습은 수업에 흥미를 주는 선에서 끝나기 때문에 효과가 좋습니다. 5분 예습을 하는 친구와 그렇지 않은 친구의 학습 효과는 약 20퍼센트나 차이가 난다고 해요."

김지원 선생님의 설명대로 5분 동안 예습하면서 질문 하나를 찾아 메모하고 수업에 들어가면 더욱 집중할 수 있었다. 또 적극적으로 수업을 들으며 경청했다.

활기에 찬 수업 분위기를 만들기까지 우여곡절이 많았다. 처음 꿈의 교실 아이들 중에 수업 시간에 질문을 하는 아이는 단 한 명도 없었다. 그런데 1교시 시작 전에 5분 예습을 통해 한 개의 질문을 적어서 수업에 들어간 뒤부터는 수업 분위기가 달라졌다.

그 후 수업에 소극적이던 아이들도 5분 예습을 할 때 적어 둔 질문의 답을 얻기 위해 선생님 말씀을 집중해서 들었고 미리 준비해 온 질문을 던졌다. 처음에는 용기가 없어 입만 오물거리던 아이들도 이제는 질문을 잘한다.

'왜 이렇게 여기저기서 질문을 많이 하지?'

수업 시간이면 잠을 자느라 바빴던 정규가 아이들이 질문하는 소리에 잠을 깰 정도였다. 친구들이 수업 시간에 하는 질문을 들어 본 이후로 정규는 자신도 모르게 잠자는 버릇을 버렸다. 선생님 말씀 한마디, 한마디에 반응하고 질문하는 아이들 때문에 잠을 잘 수가 없기도 했고 잠을 자느라 수업에서 혼자 소외되는 것이 싫었다. 친구들과 함께 수업에 동참하면서 자연스럽게 수업이 재미있다고 생각하게 되었다.

수업에 흥미를 느끼게 된 데는 노트 필기에도 비법이 있었다. 기본적으로 수업 내용을 노트에 기록하면서 머릿속으로도 한 번 더 정리하는 학습 효과를 누리게 되고, 예습과 복습도 교과서와 노트 필기를 중심으로 하기 때문에 꿈의 교실 아이들은 수업시간에 딴 짓을 할 여력이 없을 정도였다. 누구보다 필기의 중요성을 스스로 잘 알고 있기 때문이다.

5분 예습을 할 때 준비한 질문도 노트에 적어 두지만, 수업이 끝나고 난 후 2분 복습을 하면서 그날 수업의 핵심 키워드를 뽑아 보는 것은 큰 도움이 되었다. 키워드를 뽑기 위해 자연스럽게 본문을 다시 한 번 정리하게 되고, 그것을 한 문장으로 만들면서 내 것으로 소화

날짜	2011. 10. 28	과목명	과학	Asking
분량 및 도구	교과서 11~13쪽			탄수화물이 주영양소일까, 부영양소일까?
단원명	2. 영양소와 건강			

2. 영양소와 건강

1 영양소의 종류

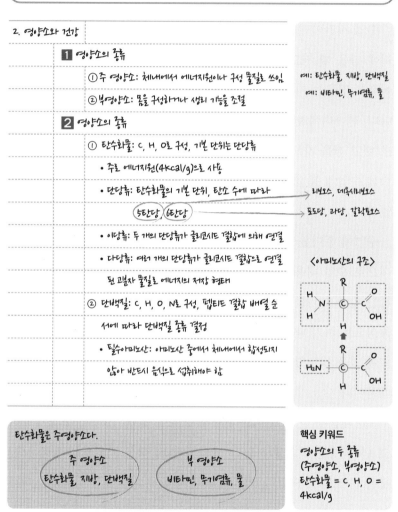

① 주 영양소: 체내에서 에너지원이나 구성 물질로 쓰임 — 예: 탄수화물, 지방, 단백질

② 부영양소: 몸을 구성하거나 생리 기능을 조절 — 예: 비타민, 무기염류, 물

2 영양소의 종류

① 탄수화물: C, H, O로 구성, 기본 단위는 단당류

- 주로 에너지원(4kcal/g)으로 사용
- 단당류: 탄수화물의 기본 단위, 탄소 수에 따라
  5탄당 → 리보오스, 데옥시리보오스
  6탄당 → 포도당, 과당, 갈락토오스
- 이당류: 두 개의 단당류가 글리코시드 결합에 의해 연결
- 다당류: 여러 개의 단당류가 글리코시드 결합으로 연결된 고분자 물질로 에너지의 저장 형태

② 단백질: C, H, O, N로 구성, 펩티드 결합 배열 순서에 따라 단백질 종류 결정

- 필수아미노산: 아미노산 중에서 체내에서 합성되지 않아 반드시 음식으로 섭취해야 함

〈아미노산의 구조〉

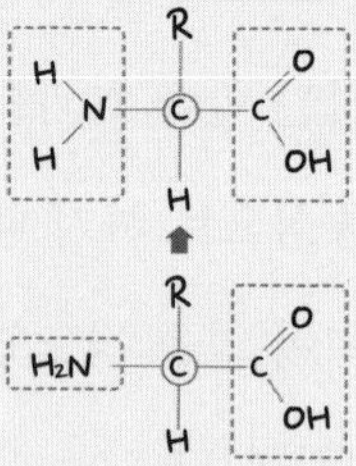

탄수화물은 주영양소다.

주 영양소	부 영양소
탄수화물, 지방, 단백질	비타민, 무기염류, 물

핵심 키워드

영양소의 두 종류 (주영양소, 부영양소)
탄수화물 = C, H, O = 4kcal/g

시킬 수 있었기 때문이다.

꿈의 교실에는 이제 잠을 자거나 딴짓을 하는 아이들이 사라졌다. 두 달 전의 멍하고 무표정한 얼굴은 교실 어디에서도 찾아볼 수가 없었다. 꿈의 교실 아이들의 가장 큰 문제였던 학교 수업 듣기 실패, 어수선한 수업 분위기가 몰라보게 개선된 것이다. 학교 수업 듣기에 성공한 아이들은 혼자 하는 공부에도 자신이 생겼다.

수업이 모두 끝나고 선생님이 교실을 떠났다.

"특별반 담임이 공부 엄청 시키나 봐. 쉬는 시간인데도 공부하고 있어."

"놀 땐 놀고 공부할 때는 공부해야지. 저게 뭐냐? 저렇게 한다고 공부가 잘되냐?"

우리들중학교 아이들이 특별반 근처를 지나가면서 한마디씩 했다. 특별반이 아닌 아이들 눈에는 꿈의 교실 아이들이 쉬는 시간에도 억지로 공부하는 것처럼 보였다. 하지만 사실은 전혀 달랐다. 꿈의 교실 아이들은 지금 2분 복습 중이었다. 2분 복습이란, 방금 있었던 수업에서 배운 내용을 2분 정도 떠올리면서 확인하는 공부 방법이다.

에빙하우스는 망각이론이란 것을 발표했다. 이 이론에 따르면 아무리 집중해서 수업을 들어도 1시간이 지나면 들은 내용의 50퍼센트만이 기억에 남고 나머지는 사라진다고 한다. 하루가 지났을 때는 무려 80퍼센트의 기억이 사라진다.

하지만 학습한 내용을 주기적으로 4회(수업 직후, 하루 후, 일주일 후, 한달 후) 반복 학습하면 망각률 0퍼센트, 기억률 100퍼센트에 가까운 달성이 가능하다고 한다. 수업이 끝난 후에 쉬는 시간의 2분을 투자해서 복습하는 것이 바로, 4회 반복 학습 중에 첫 번째 주기가 되는 것이다.

"복습 끝났다! 이제 좀 놀아 볼까?"

"야구하자, 야구!"

2분 복습이 끝나자 꿈의 교실이 시끌시끌했다. 남은 쉬는 시간 동안 아이들은 예전처럼 떠들고 장난치면서 시간을 보냈다.

어느덧 오후 3시가 되고 수업이 끝났다. '또래 지도(Peer Tutoring)' 시간이 돌아왔다. 또래 지도, 즉 친구가 친구를 가르치는 것으로 아이들이 그날 공부한 내용을 짝과 함께 다시 공부를 한다. 이때 서로 서로 차례를 바꾸어 가며 모르는 부분을 가르치고 배운다.

영재와 짝이 된 정규는 영재에게 물리 시간에 배운 내용 중에 이해가 잘 되지 않는 부분에 대해 물어봤다. 영재는 마침 자기가 확실하게 이해한 부분이라 성의껏 설명했다.

"아, 아까는 이해가 안 갔는데 이제 알겠다."

정규는 궁금했던 게 말끔하게 해소된 표정을 지었다. 영재도 모르는 부분에 대해 정규에게 물어봤다. 영재는 국어 시간에 배운 시어의 의미가 알쏭달쏭했다. 5분 가까이 정규의 설명을 들었더니 그제야 이해가 됐다.

학교를 다녀본 사람이라면 누구나 친구를 가르쳐 본 경험이 있을 것이다. 떠올려 보면 학교에서 우등생으로 소문난 친구들은 항상 주변 친구들이 모르는 문제를 친절하게 가르쳐 준다. 아이들이 이렇게

서로를 가르치고 서로에게 배우는 데는 이유가 있었다. 친구를 가르치는 것이 공부한 것을 확실하게 이해하는 좋은 방법이기 때문이다. 특히 자기주도학습자들에게 친구 가르치기는 학습 효과가 매우 높다. 몰랐던 내용을 친구를 통해서 배울 수 있고, 친구를 가르치는 사람은 그 사람대로 가르치면서 그날 배운 것을 한 번 더 확실하게 되새기게 되기 때문이다. 이와 비슷한 학습법으로 스스로에게 설명을 하는 방법도 있는데 그보다는 친구를 가르치는 방법이 더 효과가 좋다.

청소와 종례가 모두 끝나고 아이들은 모두 교실을 빠져나갔다. 다른 반 아이들이 민호, 정호 쌍둥이를 붙잡았다.

"집에 가기 전에 피시방 한 시간, 어때?"

그러든 말든 민호와 정호는 친구들을 뿌리쳤다.

"안 돼, 임마! 이 형님은 집에서 따로 스케줄이 있단 말이야!"

"형, 빨리 가자!"

민호와 정호처럼 다른 꿈의 교실 아이들도 모두, 곧장 집으로 갔다. 집으로 돌아가서 남은 일정을 모두 소화한 다음 잠들기 전에 피드백 시간을 가져야 하기 때문이다. 항상 일정에 맞추어 움직이는 정호와 민호를 보면 엄마는 깜짝 놀랐다.

"우리 아들들, 요즘은 학교에서 곧장 집으로 오네? 아주 귀여워 죽겠어."

엄마는 정호와 민호의 볼을 꼬집었다.

"아아, 엄마! 살살해요."

"지금 텔레비전에 〈무한도전〉 재방송하는데 그거 보고 들어가."

"안 돼요. 그거 보면 너무 늦어요. 할 일도 많고 자기 전까지 피드백 시간도 가져야 되는데."

"피드백? 잘 밤에 그걸 왜 해?"

민호가 말하는 피드백 시간이란, 아침 플래닝 시간에 계획한 내용을 얼마나 달성했는지 평가하는 것이다. 아침에 세운 계획에 대해서는 공부 시간을 채운 것뿐만 아니라 내용을 충분히 이해했는지에 대해서도 체크했다. 일기를 쓰듯이 피드백을 하며 하루를 반성하고 마감하는 것이다.

"아무튼 요즘 우리 아들들 보면 다른 애들 같아서 엄마가 깜짝깜짝 놀란다니까. 기분도 좋은데 우리 주말에 놀이공원 갈까?"

쌍둥이들은 놀이기구라면 사족을 못 쓰고 좋아한다. 그런데 뜻밖의 대답이 돌아왔다.

"이번 주는 안 돼요."

"응? 왜 안 돼? 주말에는 학교도 안 가잖아?"

"학교는 안 가지만 주말에도 플래닝 해놓은 게 있으니까 안 되죠. 엄마, 이제 그런 건 미리미리, 적어도 일주일 전에 얘기해 주세요. 저희도 지켜야 할 스케줄이 있다니까요."

쌍둥이의 의젓한 모습에 엄마는 할 말을 잃었다.

"그래, 엄마가 몰랐다. 너희 스케줄 방해 안 할 테니까 잘해 봐."

엄마는 쌍둥이들의 머리를 한 번씩 쓰다듬어 주고 방에서 나갔다.

이렇게 매일매일, 꽉 찬 하루를 보내자 일주일이 금방 지나갔다. 어느덧 한 주의 막바지 금요일이다. 금요일 마지막 수업이 끝나고 아이들은 주간 피드백 시간을 가졌다.

주간 피드백 시간에는 김지원 선생님과 함께 일주일 간의 목표와 그 목표를 위해 얼마나 노력하고 실천했는지를 점검했다. 아이들은 한 사람씩 차례대로 어느 정도 목표를 이루었는지 스스로 진단, 반성하고 개선할 점을 찾았다.

김지원 선생님은 플래닝 훈련을 착실하게 따라와 주는 아이들이 모두 다 예뻐 보이지만 그중에서도 정규가 제일 대견했다. 정규는 꿈의 교실 내에서도 제일 문제가 많은 아이였다. 정규가 처음 꿈의 교실에 들어왔을 때만 해도 정규는 공부를 왜 해야 하는지도 몰랐고 방법과 습관도 없었다. 정규가 학교에서 하는 일이라고는 잠을 자는 것뿐이었다. 플래닝 훈련 과정에서도 정규를 바로 잡기까지 김 선생님은 많은 노력을 기울여야 했다. 책을 모두 사물함에 두고 다니는 정규가 책을 들고 다니는 습관을 갖기까지 꼬박 한 달이 걸렸다.

주간 플래닝 타임

9월 8주
9월 12일~9월 18일

분량	월	화	수	목	금	토	일	합계
주간 가용 시간	3	3	5	3	5	7	7	33
목표 세공 시간	0.5	1.5	4	1	2	2	3	14
실제 세공 시간	0.5	1	3	1	0	0	2	7.5

공부 계획 목표

과목	교재	목표 분량	월	화	수	목	금	토	일	달성률
영어	EBS 문제집	하루 2쪽씩	↔	↔	↔	↔		↔	↔	
수학	학원 교재	수업 진도만큼		↔	↔	↔				
과학	교과서&노트	4단원 개념 이해			↔	↔	↔			
기·가	노트	수업 진도						↔	↔	

자투리 시간 계획

언제	할일
조회 시작 전	영어단어 나만의 암기 스타일로 외우기
수업 끝나고 2분!	수업 시간에 배운 부분 훑어보기
수업 시작 전 2분!	그날 배울 부분 펴놓고 목차 보기
점심시간	등나무에서 친구랑 수다 + 스트레칭

여유 시간 계획

언제	할일
토요일 오후 3~6시	친구랑 영화 보는 날~♡

이번 주 나를 이끌어 갈 한마디!

시간은 금보다 귀함!!!!!!

하지만 그 이후에 정규는 몰라보게 달라졌다. 정규는 더 이상 학교에서 잠을 자거나 딴짓을 하지 않았다. 멘토링과 꿈 페스티벌을 통해 꿈이 생겼고 그 결과 공부를 해야 하는 이유를 찾았다. 공부하는 방법을 고 선생님과 김 선생님에게 배웠고 지금은 공부 습관을 만들고 있다.

정규의 꿈은 스포츠학의 권위자가 되는 것이다. 정규는 어릴 때부터 운동을 좋아했고 또 운동에 재능이 있었다. 정규의 다중 지능 검사 결과에서도 운동 지능이 뛰어난 것으로 나왔다. 정규는 앞으로 스포츠학을 전공해서 교수가 되고 싶었다. 그래서 운동 부족과 비만으로 고생하는 사람들을 위해서 생활체육 캠페인을 벌이고 장애인의 재활을 위한 운동법을 개발할 생각이다.

"정규야, 이번 주에는 목표를 얼마나 달성했니?"

김 선생님이 다정한 목소리로 정규에게 물어보았다.

"가장 취약한 부분인 수학, 그중에서도 함수 부분을 집중적으로 공부하긴 했는데요. 목표를 이루지는 못했어요."

"원인이 뭐지?"

"아무래도 제가 욕심을 내서 목표를 무리하게 잡은 것 같아요. 사실 목표를 달성하는 것보다 노력하는 과정이 더 중요한 건데 제가 욕심이 많았어요. 다음 주에는 지금보다 목표량을 조금 줄여 볼 생각입니다."

주간 피드백 타임

이번 주 셀공 시간 달성률 계산하기

$$\frac{\text{실제 셀공 시간(7.5시간)}}{\text{실제 셀공 시간(14시간)}} \times 100 = \text{셀공 시간 달성률(54\%)}$$

Good Point	수업 직전/직후 자투리 시간 활용 80% 성공!! → 확실히 기억에 잘 남음! 주인공 프로그램 시작! → 기대감 200% 핸드폰 사용을 줄였음 → 기특함 ㅎ ㅎ
Bad Point	방학이 끝난 지 오랜데… 아침에 일찍 일어나기 어렵네… ㅠ 밤에 인터넷을 습관적으로 두 시간씩 한다.
대안	무조건 12시 전에 취침!! 준비물, 과제는 하루 전에 다시 체크해두기!

이번 주를 돌아보며
자투리 시간 활용을 시작했다. 1학기보다 열심히 사는 것 같아 뿌듯함 ㅋ ㅋ ㅋ 그런데 친구들한테 눈치가 좀 보인다. 혼자만 하려니까 친구들과 보이지 않는 벽이 생긴 느낌? 친구 몇 명이랑(한명이라도) 플래닝 공유를 해보자.

이번 주 나에게 칭찬 한마디
계획한 일 다 지키진 못했어도 지키려고 노력한 건 잘했어! 넌 지금 잘하고 있어!! 파이팅!!!!!!!!!!!

"그래, 정규야. 공부하는 양을 조금 줄여 보고 능률이 오르면 그때 양을 늘리면 돼. 한 주 동안 정말 수고 많았어. 목표를 못 채웠어도 노력한 그 자체만으로도 칭찬 받을 만하다는 거 알지?"

"네. 고맙습니다, 선생님."

정규의 얼굴이 밝아지자, 김 선생님도 기분이 좋았다.

열여섯 명의 아이들이 모두 발표를 마쳤다. 어느덧 두 시간이 훌쩍 지나갔다. 목표를 달성한 아이들은 뿌듯함을 느꼈고 달성하지 못한 아이들은 아쉬움이 역력했다. 하지만 아이들은 모두 같은 생각을 하고 있었다.

'다음 주에는 더 열심히 해야지!'

아이들은 다음 주, 그 다음 주에도 이루어야 할 목표가 있어 앞으로가 더욱 기대되고 설렜다. 그리고 피드백을 통해서 내 삶이 성장하고 발전할 것이라는 희망에 부풀었다.

공부 환경과 공부 도구

핵심만 뽑아 보는 꿈의 교실

★ 꿈의 교실에서 실시한 시기별 플래닝 시스템 세 가지는? ○○ ○○○, △△ △△△, □□ □□□

꿈의 교실은 학생 스스로가 자신의 인생, 공부, 하루를 '계획'할 수 있도록 학습 환경을 최적화했다. 연초에 1년 ○○ ○○○을 작성하고 학기마다 두 번의 □□ □□□을 작성한다. □□ □□□은 시험 3주 전부터 시작되는 공부 전략을 담는다.
△△ △△△은 방학을 앞두고 부족한 부분과 필요한 부분을 더 채우는 계획을 세우는 것이다. 멘티들은 △△ △△△을 통해서 공부 목표와 습관 목표 그리고 경험 목표 등을 결정한다.

답 : ○○ ○○○ 공부 로드맵
△△ △△△ 방학 플래닝
□□ □□□ 시험 플래닝

★ 실패 없는 학교 수업! 꿈의 교실의 학교 수업 시스템 다섯 가지는? □□ □□□, △△ △△○○, ☆☆ ☆☆, ◇◇ ◇◇

1교시 수업 전에 각자 스스로 자신의 하루를 계획하는 시간을 함께 갖는다. 이 활동을 '□□ □□□'이라 한다. □□ □□□에는 공부 목표와 공부 이외의 목표를 담는다.

공부 목표를 쓸 때는 도구와 시간, 분량까지 표시한다. 학교에서 정한 시간표는 □□ □□□에 쓰지 않아도 된다. 스스로 공부할 수 있는 시간에 대한 계획을 주로 기록한다.

□□ □□□이 끝나면 오늘 공부할 과목의 내용을 가볍게 미리 보는 △△ △△을 시작한다. 이 시간에 한 개의 ○○을 만들어 노트에 적고 수업에 들어간다. 수업 중에는 자신이 미리 적은 ○○을 꼭 해소하도록 한다. 수업 직후에는 ☆☆ ☆☆을 갖는다. 모든 수업이 끝나면 정해진 그룹이 모여 수업시간에 배운 것을 친구들에게 설명하고 질문하고 답변하는 ◇◇ ◇◇(Peer Tutoring)을 하고 복습을 마무리한다.

답 : □□ □□□ 아침 플래닝
△△ △△ 5분 예습
○○ 질문
☆☆ ☆☆ 2분 복습
◇◇ ◇◇ 또래 지도

6

진로 박람회, 못다 한 이야기

교장 선생님의 호출로 교장실에 불려온 고명석 선생님은 심각한 분위기 속에서 교장 선생님이 하는 이야기를 들었다. 고 선생님에게 이야기를 건네는 교장 선생님의 얼굴에도 곤란한 기색이 역력했다.

"고 선생님, 나도 이런 말을 하기가 쉽지 않은데 내 입장에서는 학부모님들 의견도 전달해야 해서. 미안하게 됐어요."

"아닙니다. 저도 충분히 예상했던 상황입니다."

고 선생님은 그렇게 말하고 잠시 침묵했다. 전부터 꿈의 교실 아이들의 부모님들은 고 선생님의 교육 방식을 두고 의견이 분분했다. 아이들이 예전보다 공부에 많은 시간을 할애하고 무엇보다 공부를 대하는 태도가 달라졌다고 좋아하는 부모님들이 있는 반면, 사교육을 금지한 것에 대해 불만을 가진 부모님들도 있었다. 고 선생님을 두고 아군과 적군이 극명하게 나뉜 것이다. 급기야는 고 선생님에게 불만이 있었던 학부모들이 교장 선생님에게 정식으로 항의하기 시작했다.

"사실은 여러 학부모님 가운데서도 은비 어머님이 가장 완강하십니다. 지금 특별반 문제를 가장 거세게 항의하시는 분이 바로 은비 어머님이신데 목소리를 더 크게 내기 위해서 다른 어머님들까지 부추긴 것 같아요."

고명석 선생님은 교장 선생님의 말을 듣자마자 은비를 걱정했다.

'학교 측에 저렇게 항의를 하시기 전에 은비와 얼마나 많이 다투셨을까?'

아침에 엄마랑 다투느라 학교를 지각하는 일이 잦은 은비를 보면서 고 선생님은 언젠가 이런 일이 일어날 것이라고 예감했다. 시험을 한 달여 앞두게 되자 걱정했던 일이 기어이 터지고 만 것이다. 고명석 선생님은 어떻게든 부모님들을 설득시켜야겠다고 마음먹었다.

"교장 선생님, 저에게 생각이 있으니까 저를 믿고 도와주십시오."

고 선생님이 확신에 찬 어조로 말했다.

"저 역시 특별반이 지금과 같은 문제나 잡음 없이 운영되길 바랍니다. 근데 학부모님들이 워낙 완강해서……. 뭐 좋은 방법이라도 있습니까?"

"저를 믿고 저한테 맡겨 주십시오. 반드시 부모님들을 설득하겠습니다."

교장 선생님은 고 선생님을 믿으면서도 한편으로는 걱정을 떨칠 수 없었다. 하지만 위기 상황에서 더욱 강해지는 고명석 선생님이라는 것을 알기 때문에 끝까지 고 선생님을 지지하고 돕겠다고 약속했다.

교실로 돌아간 고 선생님은 은비를 따로 불렀다. 은비는 고 선생님의 호출을 받았을 뿐인데 벌써 표정이 어두웠다. 마치 선생님이 자신에게 어떤 말을 할 것인지 다 아는 듯했다.

"선생님, 죄송해요."

앞뒤 없이 죄송하다고 하는 은비를 보며 고 선생님은 깜짝 놀랐다.

"저희 엄마 때문에 선생님이 곤란하신 것 저도 알아요. 제가 어떻게든 엄마를 설득하려고 했는데 엄마가 제 말을 안 들어 주세요."

은비는 꿈의 교실에 들어오기로 결정한 이후부터 엄마와의 힘든 시간을 보내고 있었다. 꿈의 교실에 대한 이야기를 듣고 처음으로 '나를 위한 꿈을 갖고 싶다'라고 생각한 은비는 엄마에게는 꿈의 교실을 특별반이라고만 소개하고 허락을 받았다.

공부 잘하는 아이들을 모아놓은 반일 거라 생각했던 엄마는 이후 과외나 학원까지 모두 끊고 학교 수업만으로 공부를 하겠다는 꿈의 교실의 방침을 알고 난 이후부터 반대를 하기 시작했다.

"엄마, 나 혼자서도 얼마든지 잘할 수 있어."

"너 지난번 중간고사 성적도 떨어졌잖아. 과외에 학원까지 보내는

데도 성적이 안 오르는데 어떻게 너 혼자서 해내겠다는 거야?"

"엄마, 이번 한 번만 나를 믿고 기다려 주면 안 돼?"

"잔말 말고 너 오늘은 학교에 가면 꼭 꿈의 교실인가 뭔가 그 반에서 나온다고 해! 엄마가 교장 선생님께도 말씀드려 놨어."

"싫어. 이번 일만은 내가 결정할 거야. 나도 꿈이 있고 의지가 있다고."

매일 아침 반복되는 엄마와의 다툼에 은비의 마음은 점점 굳어져만 갔다.

고 선생님은 그간 은비와의 멘토링을 통해서 은비와 어머니의 관계, 두 사람 사이의 갈등에 대해 알게 되었다. 은비는 이제 열다섯 살로 나이는 어리지만 어머니와의 관계 때문에 상처를 받았고 또래 친구들보다 일찍 조숙해질 수밖에 없었다. 겉으로 보기에는 공부도 열심히 하고 행실도 바르고 완벽한 아이지만 사실은 그렇지가 않았다.

"그래서 선생님한테 좋은 생각이 떠올랐어. 선생님 생각에는 꿈의 교실을 못 미더워하시는 학부모님들을 모시고 선생님과 너희들 모두 나서서 설득하는 시간을 가졌으면 좋겠어."

"부모님들한테요?"

"응. 직접 보여드리는 거지. 우리가 이렇게 달라졌고 시험 준비도 열심히 하고 있다는 것을 말이야. 진로 박람회에 참여할 생각이야."

"박람회요? 그런 데에 저희가 참여할 수 있어요?"

"그럼! 대신 은비 네가 여기서 큰 역할을 맡아 줘야 돼. 박람회 준비를 도맡아서 하는 거야. 할 수 있겠어?"

"제가요?"

은비는 선뜻 나서기가 망설여졌다. 잘은 모르지만 박람회라는 것을 준비하려면 시간이 많이 필요할 것 같았다. 시험을 열심히 준비해서 엄마를 실망시키지 않아야 하는데 공부할 시간을 빼앗기는 게 아닐까? 한편으로는 고명석 선생님이 권유하는 박람회에 호기심이 생기기도 했다. 평생 경험하지 못할 멋진 추억이 생길 수도 있지 않을까? 잠시 생각에 잠겼던 은비가 조심스럽게 입을 열었다.

"해볼게요, 선생님. 저는 앞으로도 계속 꿈의 교실에서 공부하고 싶어요. 그러기 위해서는 엄마를 설득해야 하고요. 그러니까 박람회에서 잘해서 엄마를 확실하게 설득해야겠어요."

고 선생님은 은비와 함께 아이들이 있는 교실로 갔다. 그리고 칠판에 커다란 글씨로 '꿈의 교실 진로 박람회 참가'라고 썼다.

"지난번에는 페스티벌이었는데 이번에는 박람회네?"

"근데 곧 있으면 시험인데……. 시험 준비해야 하지 않나?"

"선생님, 이번에도 축제처럼 행사를 하는 건가요?"

"지난번에 치른 꿈 페스티벌이 여러분의 꿈을 찾기 위한 축제의 마당이었다면, 이번 진로 박람회는 여러분의 비전을 다양한 방식을 동원해서 체계적으로 소개하는 자리가 될 겁니다. 여러 중학교가 참여할 것이고 우리 꿈의 교실은 우리들중학교를 대표하게 될 겁니다. 여러분의 부모님들도 참관하실 거고요. 박람회 준비는 여러분이 주도하는 것을 원칙으로 하겠습니다. 단, 어렵고 힘든 일이 있을 시에는 언제든지 저와 김지원 선생님에게 도움을 요청하세요. 은비야, 앞으로."

고 선생님이 은비의 이름을 부르자 아이들의 시선이 일제히 은비에게 쏠렸다. 은비는 자리에서 일어나 교실 앞으로 나왔다.

"고은비가 이번 박람회의 준비위원장입니다. 선생님이 여러분들의 의견을 수렴하지 않고 마음대로 위원장을 뽑았다고 오해하지 않길 바랍니다. 은비가 위원장이긴 하지만 위원회에 소속되는 사람들은 모두 은비와 동등한 자격을 갖게 되고 평등한 입장에서 박람회를 준비하게 될 거니까요."

선생님이 발언을 마치고 은비에게 눈짓으로 신호를 보냈다. 그러자 은비가 친구들에게 말했다.

"꿈의 교실에 온 지 이제 반 년 정도 흘렀는데 저는 우리가 예전과 많이 달라졌다고 생각합니다. 우리의 달라진 모습을 부모님과 친구들, 선생님 그리고 여러 사람들에게 보여 주어야 합니다. 우리는 그동안 다양한 문제로 부모님들에게 걱정을 끼쳤습니다. 이제 부모님들이 안심하실 수 있도록 직접 보여드려야 합니다."

은비의 목소리가 가늘게 떨렸다. 아이들은 은비의 말을 경청했다.

"그래서 저는 여러분에게 이렇게 부탁합니다. 여러분들이 저를 도와주세요. 우리 함께 멋진 박람회를 만들어 봐요."

아이들은 은비의 발언에 호기심을 느끼면서도 선불리 찬성하지 못했다. 곧 시험이 다가오니 시험공부도 해야 되고 그동안 한 번도 이런 활동을 해본 적이 없는데 갑자기 여러 사람들 앞에 나서려니 부담스럽기도 했다. 그때, 고개를 푹 숙이고 있던 지은이가 은비를 바라보더니 천천히 손을 들었다.

"선, 선생님. 저요. 근데 제가 할줄 아는 게 별로 없어요. 그래서…… 도움이 될지는 모르겠어요. 그렇지만 은비를 도와주고 싶어요. 제가 제일 친한 친구니까요."

지은이가 용기를 내는 모습에 은비는 활짝 웃었다. 은비는 지은이에게 눈빛으로 고마움을 표했다.

그런데 지은이 말고는 지원자가 없었다. 아이들은 서로 눈치만 보았다. 그때 교실 한쪽에서 누군가가 손을 들었다. 영재였다.

"이영재가 손들 줄 알았어."

정호가 민호에게 조그맣게 말하며 키득거렸다.

사실 영재는 처음 꿈의 교실에 들어왔을 때 은비도 꿈의 교실에 와 있는 것을 보고 내심 좋았다. 복도에서 부딪혔던 이후로 몇 번 마주치면서 고은비라는 아이에 대해 자기도 모르게 관심이 갔던 것이다. 수업 시간이면 영재는 자기도 모르게 은비를 쳐다보게 되었다. 하필 그럴 때마다 쌍둥이들이 그런 영재를 발견하고는 "역시, 고은비만 보는구나. 그렇게나 좋냐? 크크크" 하며 놀려댔던 것이다.

이번에 은비가 박람회 준비위원장이 되었다니 함께하고 싶은 마음이 생겼다. 하지만 꼭 은비 때문만은 아니었다.

"저는 지난번 페스티벌에 참여하면서 즐거운 시간을 보냈지만 아직 저의 장기 로드맵을 완성하지 못했어요. 박람회에 참여하면서 장기 로드맵을 완성하고 싶어요."

"영재야! 잘 생각했다."

내심 영재가 나서주기 바랐던 고 선생님은 누구보다 영재가 합류한 것이 반가웠다.

"선생님, 저희도 들어가도 돼요?"

민호, 정호 쌍둥이가 동시에 손을 들었다.

"물론이지!"

쌍둥이들이 다소 장난스럽긴 하지만 한편으로는 활달해서 두 사람이 있으면 위원회 분위기가 한결 화기애애해질 것이다. 교실 여기저기서 아이들 서너 명이 손을 들었다. 참여하고 싶은 마음은 있지만 나서지 못했던 아이들이 뒤늦게 용기를 낸 것이다.

이로써 진로 박람회 준비위원회가 모두 꾸려졌고, 아이들은 방과 후에 교실에 남아서 매일 조금씩 박람회 준비를 하기로 했다. 평소 아이들의 습관대로 박람회 준비 역시 플랜에 맞추어 차근차근 진행했다.

하지만 모든 일이 그렇듯 박람회 준비도 순조롭지만은 않았다. 위원회를 꾸린 지 일주일 만에 위원회에서 탈퇴하겠다는 아이들이 고 선생님을 찾아왔다.

"선생님, 죄송해요. 저, 이제 박람회 준비하기 어려울 것 같아요. 정말 죄송해요."

"더 이상 엄마를 설득시킬 수가 없어요. 엄마가 시험공부나 열심히 하래요."

고 선생님은 아이들 앞에서 실망하는 기색을 보이지 않았다. 오히려 아이들을 격려했다. 이런 일이 일어날 것을 예상했기 때문이다.

고 선생님은 학부모와의 소통을 매우 중요하게 생각했다. 학생들의 지지가 아무리 커도, 학부모의 신뢰를 얻지 못하면 힘을 얻을 수 없다는 것을 알고 있었다. 참가를 포기한 두 명의 아이들은 누구보다 의욕적이었다. 부모님의 반대가 컸지만 그래도 꿋꿋하게 버텨 주었다. 하지만 아직 어린 아이들이라 부모님이 반대하는 일을 밀어붙일 수 없는 노릇이었다.

두 명의 아이가 준비위원회에서 나갔지만 남은 아이들은 더욱 열심히 박람회를 준비했다. 아이들은 먼저 꿈의 교실 시스템이 어떻게 구성되어 있는지 그 목록을 만드는 작업을 진행했다. 이제 각각의 내용을 구체적으로 어떻게 보여 줄 것인지를 결정하고, 내용을 만들고 발표를 준비하는 일이 남았다.

누가 가르쳐 주지 않았는데도 기발한 아이디어를 내고 일을 척척 진행하는 아이들을 보면서 선생님들은 깜작 놀랐다.

'이런 아이들이 지금껏 자기가 잘하는 게 하나도 없다고 자신을 판단하고 있었다니…….'

선생님들은 꿈의 교실을 전담하고 이 아이들을 만나게 된 것에 감사했다. 그리고 매일 준비위원회 아이들과 교실에 남아서 박람회 준비 작업에 힘을 실어 주었다. 은비는 주로 기획 회의와 역할 분담에 참여했고 실제 자료를 모으고 내용을 구성하는 작업에는 누구보다도 영재가 적극적으로 참여했다.

"영재 너는 일단 사진 자료를 최대한 모아 줘. 특히 우리가 지난번에 꿈 페스티벌을 주최하면서 만들었던 자료들 있잖아. 그거랑 그때 찍은 사진들도 다 모아야 해. 그리고 또 뭐를 준비해야 할까?"

"지금까지 우리가 했던 활동들을 보여 주는 것도 좋은데 내 생각에는 우리 교실의 플래닝 환경을 보여 주는 게 좋을 것 같아. 교실 앞쪽의 플래닝 시간표와 뒤쪽의 장기 로드맵 게시판 같은 거 말이야."

"그런 것들은 사진을 찍어서 붙이지 말고 실제 게시물을 가져와서 우리 박람회장 부스를 꾸미면 어떨까? 진짜 꿈의 교실에 와 있는 것 같은 분위기가 나도록 말이야."

"좋아. 그럼 우리가 직접 만든 장기 로드맵이랑 플래닝 노트, 예습 복습 노트 중에 잘된 것을 가져와서 부스에 전시하자. 어때?"

은비는 아이들과 회의를 하면서 나온 아이디어들을 리스트로 만들어서 수첩에 빼곡하게 적어 놓았다. 그러자 박람회 프로그램의 윤곽과 대강의 뼈대가 완성됐다.

박람회 내용에 맞춰 필요한 소품들도 빼놓지 않고 기록했다. 가장 잘 쓴 플래너, 수업 전 예습 시간에는 질문을 적고 수업을 듣는 중에 답변을 달아 놓은 노트, 동료 지도학습 시간에 친구들에게 설명하고 또 질문하는 모습을 담은 영상도 필요했다. 영상은 특별반은 아니지만 스마트폰으로 영상을 촬영하고 편집하는 것이 취미인 친구에게 부탁했다. 그림을 잘 그리는 친구에게는 박람회 부스의 내부 인테리어를 맡겼다.

드디어 부스 인테리어를 위한 스케치가 완성되었다. 스케치를 본 준비위원회 아이들의 얼굴에 흐뭇한 미소가 번진다. 어렴풋이 머릿속으로 상상만 했던 부스가 구체적인 그림으로 눈앞에 펼쳐지니 마치 모든 준비를 끝마친 것처럼 기뻤다. 이제 이 스케치를 바탕으로 실제 박람회를 만들어 가면 되는 것이다.

그전에 제일 먼저 해야 할 일이 하나 있었다. 이번 박람회는 학부모님들도 참관하는 박람회라서 그들에게 호응을 얻으려면 꿈의 교실 시스템을 홍보할 필요가 있었다. 하지만 무엇보다도 아이들 개개인이 어떤 방법으로 자신의 인생과 공부 방향을 정했는지 그 과정과 결과물을 확실하게 보여 주어야 한다.

꿈의 교실의 '플래닝' 시스템

1. 시기별 학교 전체 시스템 :
공부 로드맵 기간, 시험 플래닝 기간, 방학 플래닝 기간

2. 수업의 플래닝 시스템 :
아침 플래닝, 수업 전 예습, 수업 중 질문, 수업 후 복습, 동료 학습, 피드백

3. 꿈 페스티벌을 통한 진로설계 시스템 :
나 발견하기, 세계 발견하기, 장기 로드맵

4. 진로 실현을 위한 시스템 :
주말 재능 탐색 수업, 직업 체험 프로그램, 꿈과의 만남 연습, 진로 포트폴리오 작성하기

아이들은 이 결과물의 이름을 '진로 커리어 포트폴리오'라고 지었다. 포트폴리오는 입학사정관제도의 핵심 키워드다. 포트폴리오를 둘러싸고 다양한 의견들이 있었지만 핵심은 몇 가지로 요약됐다.

우선 포트폴리오에는 자신의 인생에 대한 명확한 목표와 그것을 이루기 위해서 어떤 노력을 할 것인지에 대한 내용을 담는다. 제일 먼저 자기 자신을 제대로 알고 세운 목표가 필요했다. 목표를 이루기 위한 노력에는 학업의 노력, 경험의 노력, 지식의 노력, 봉사의 노력

이 균형을 이루어야 한다.

고명석 선생님은 준비위원회 아이들에게 지난번에 꿈 페스티벌의 순서와 결과물, 지금까지 꿈의 교실에서 꾸준하게 이루어진 플래닝의 결과를 하나의 게시판에 담아 개인 포트폴리오를 구성하도록 방향을 잡아 주었다. 이 포트폴리오야말로 진로 설계의 꽃이며, 어쩌면 입학사정관제도에서 자신의 역량을 표현할 수 있는 가장 좋은 무기였다. 이 작품을 잘 만들게 되면 우리들중학교의 1, 2학년 학생들이 보고 배울 뿐만 아니라 입시를 준비하는 중3 학생들의 포트폴리오에도 좋은 본보기가 될 것이다.

또 준비위원회 학생들 역시 행사를 기획하고 주도하며 결과를 만들어 내는 과정에서 어른들과 친구들로부터 인정받을 것이고, 그에 앞서 박람회를 준비하면서 자신의 포트폴리오를 명확하게 만드는 두 마리 토끼를 잡는 효과를 기대할 수 있다.

먼저 하나의 완성된 포트폴리오 샘플을 만드는 것은 은비의 몫으로 주어졌다. 은비는 자신이 가장 중요한 작업을 해야 한다는 데 부담을 느꼈다. 하지만 고 선생님과 김 선생님의 플래닝 시스템을 가장 잘 이해했다고 준비위원회의 위원장을 맡았기 때문에 은비가 최상의 적임자임을 누구도 부인할 수 없었다.

일주일 뒤, 은비는 포트폴리오 샘플을 들고 교실에 들어왔다. 그것

| 은비의 진로 커리어 포트폴리오 |

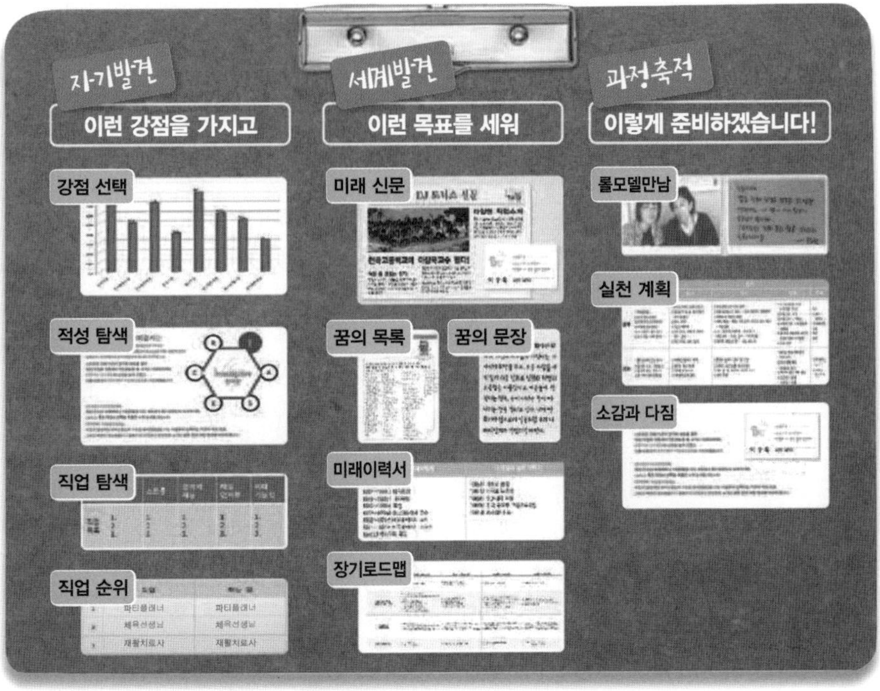

을 본 친구들의 입에서 탄성이 흘러나왔다. 샘플을 보니, 정말 은비 자신의 인생 지도를 보는 듯 깔끔한 느낌이 들었다. 아직 미완성이지만 큰 그림을 이해하는 데는 어려움이 없었다.

"은비야, 정말 공을 많이 들였구나."

고명석 선생님과 김지원 선생님도 만족했다. 누가 봐도 은비는 진로 박람회를 성공적으로 열기 위해서 최선을 다해 준비하고 있었다.

포트폴리오의 절반 정도는 꿈 페스티벌을 통해 이미 만들어 놓았던 것이고 나머지 절반은 꿈의 교실의 다양한 시기별 플래닝과 수업을 통해 만들어 갈 것이다.

"와, 우리가 지금까지 꿈의 교실에서 배운 게 이 한 면에 들어가 있는 것 같아."

"늘 하던 플래닝인데도 이렇게 만들어 놓고 보니까 그럴듯한데?"

"어쩐지 이번 박람회도 잘될 것 같아."

아이들은 저마다 기대에 들떴다. 어려울 것 같았던 박람회 준비도 한 목소리로 일하니 순조롭게 진행되는 것 같았다. 모두들 박람회가 기대되었다.

준비위원회의 활동이 모두 끝나고 아이들은 모두 교실을 떠났다. 은비가 마지막으로 교실 문을 잠그려고 하는데 복도 끝에서 누군가가 교실을 향해 달려왔다.

"잠깐만!"

영재였다. 은비는 무슨 일인지 몰라 문을 잠그려다 말고 영재를 기다렸다.

"집에서 복습할 게 있는데 책이 교실에 있어. 얼른 갖고 나올게. 기다려 주라."

은비는 영재가 책을 들고 나온 후에 문을 잠갔다. 두 사람은 운동장을 함께 걸었다. 같은 반이지만 영재와 은비는 친해질 기회가 없었다. 필요할 때 몇 마디 주고받고 인사를 나눈 게 고작이었다. 평소 은비와 친해지고 싶었던 영재로서는 은비와 나란히 걷고 있는 게 꿈만 같았다. 재미있는 이야기라도 나누고 싶은데 무슨 말을 해야 할지 몰라 난감했다. 두 사람 모두 입을 다물고 있으니 분위기는 점점 어색해졌다. 영재는 그런 자신이 한심하게 느껴지기 시작했다.

'이영재, 이 멍청아! 이럴 때 꺼낼 재미있는 이야기가 하나도 없냐? 자연스럽게, 어색하지 않게 이야기도 하나 못해? 이런 기회에 친해지지 언제 친해져? 너 준비위원회 일도 사실 은비가 위원장이라서 하고 싶었던 거잖…….'

"영재야, 고마워."

"응? 뭐라고?"

은비가 갑자기 말을 걸자 당황한 영재는 은비의 말을 제대로 듣지도 못했다.

"준비위원회 말이야. 같이 하겠다고 나서 줘서 고마워."

"응……. 박람회라고 하니까 재미있어 보여서. 나 보기랑 다르게 나서는 거 좋아해!"

말해 놓고 보니 스스로 생각해도 멍청하기 짝이 없는 소리를 늘어놓은 것 같았다. 영재는 갑자기 귓불이 달아오르는 걸 느꼈다.

'안 돼, 멍청아! 얼굴까지 빨개질래?'

"사실은 네가 하겠다고 나서기 전부터 같이 준비하면 좋겠다고 생각했어. 너라면 맡은 일을 열심히, 잘할 것 같아서."

예상하지 못했던 말을 들은 영재는 깜짝 놀랐다. 하지만 겉으로는 내색하지 않았다.

"그래? 난 그런 모범생 스타일 아닌데? 오히려 그 반대지."

영재는 속마음과 다르게 퉁명스럽게 대꾸했다.

"모범생 이미지를 말하는 게 아니야……. 난 너랑 친하지 않으니까 함부로 말할 수는 없는데 어쩐지 너는 뭔가를 하면 굉장히 열심히 할 것 같았어."

"정말?"

"응, 잘 모르지만 그런 느낌이 들었어. 지금도 열심히 하고 있잖아."

"내 진로를 찾고 싶어서."

갑자기 영재의 머릿속에 은비와 관련해서 궁금했던 것들이 마구 떠올랐다.

'애들 소문에는 엄마랑 사이가 안 좋다던데, 왜 그런 걸까? 예쁘고 공부도 잘하고 아무 문제없어 보이는데……. 내가 부모님이라면 이런 딸이 정말 자랑스러울 것 같은데.'

"난 엄마한테 인정받고 싶어서 박람회 일을 맡기로 했어. 그럼 앞으로 박람회 준비 더 열심히 하자. 진로도 찾고, 부모님한테 인정도 받자고. 오케이?"

은비는 영재를 보며 살포시 미소를 지었고 큰길에 세워진 엄마 차를 향해서 뛰어갔다.

"잘 가, 내일 봐!"

영재도 은비처럼 밝게 인사하고 싶었지만 그저 고개만 끄덕였다.

진로 박람회 준비위원회 아이들은 며칠 전부터 박람회 준비의 마무리 단계인 실전 연습에 들어갔다. 영재가 오프닝 강연을 맡아 자기 발견과 세계 발견에 대해 발표하고 은비가 순서를 이어 받아 공부 전략과 시험 플래닝에 대해 설명하기로 했다.

아이들의 꿈에 대한 박람회이기 때문에 학생들이 어떻게 자신의 진로를 찾아가는지 그 과정을 설명하는 것이 가장 중요했다. 발표할 사람을 뽑는 자리에서 위원회 아이들은 누구도 선뜻 나서지 못했다. 결국 영재가 용기를 냈다. 가장 중요한 강의가 영재의 몫으로 주어진 것이다.

"지금까지 나에게는 꿈이 없었어. 그런데 꿈의 교실에 온 뒤부터는 매일매일 내 꿈에 대해서 생각해 봤어. 이 발표를 맡으면서 내 진로 설계를 완성하고 싶어."

영재는 준비위원회 아이들 앞에서 이렇게 말했다. 처음 전학을 왔을 때 아이들과 어울리지 못하고 겉돌던 모습과는 몰라보게 달라진 영재를 보고 아이들은 놀라는 눈치였다.

"얘들아! 선생님 좀 보고 가!"

일과를 마치고 집에 돌아가려는 아이들을 고명석 선생님과 김지원 선생님이 붙잡았다. 두 선생님 앞에는 커다란 봉투가 있었고 그 안에는 빵과 음료수가 들었다. 아이들은 선생님이 주는 간식을 하나씩 받아든 채 집으로 갔다.

영재는 집에 가는 길에 음료수와 빵이 담긴 봉투를 열어 보았다. 그런데 그 속에 종이가 한 장 접혀 있었다. 고 선생님이 영재에게 보내는 글이었다.

영재야, 박람회를 앞두고 어깨가 무겁겠구나. 네가 맡은 역할에 대해 부담 갖지 말고, 네가 나를 통해 그리고 꿈의 교실을 통해 깨달은 것이 있다면 그 소중한 깨달음을 밖으로 알리는 일이라고 생각하렴. 아직도 학교에는 과거의 너처럼 자신의 가능성을 깨닫지 못한 채 살아가는 친구들이 있어. 그 친구들에게 희망을 나눠 줘.

사람은 완벽하려고 하면 할수록 진심과는 멀어져. 하지만 소박하게 진심을 나누려고 하면 그 진심은 통하기 마련이야. 나 역시 너희들을 진심으로 아끼고 돕고자 나섰더니 그 진심이 통하더구나. 나의 진심을 영재 네가 전해 받아서 너도 강연장에서 사람들에게 진심을 나눠 주길 바란다.

-고명석

영재는 예전에 고 선생님과 일대일로 멘토링을 했던 시간이 떠올랐다. 선생님으로부터 자신이 특별하다는 이야기를 들었던 그때 말이다. 고 선생님은 남과 비교하지 않고 자신을 귀하게 여기면 언젠가 그 사람이 가진 진정한 가치가 드러날 것이라고 말했다. 영재는 자신이 단점 투성이라고 생각했지만 고 선생님은 영재의 장점을 찾아서 인정해 주었다. 그리고 이제 선생님의 도움으로 꿈의 교실 아이들을 대표해서 사람들 앞에 나설 기회도 생겼다. 그 모든 과정을 돌아보니 영재는 가슴이 벅찼다.

영재는 가벼운 발걸음으로 집 앞까지 왔다. 먼저 깨끗이 씻고 발표를 멋지게 해낼 수 있다고 마음에 그리는 이미지트레이닝을 하고 잠자리에 들 생각이었다.

'여러 사람들 앞에서 멋지게 발표해서 꿈의 교실도, 나 영재도 인정받아야지.'

영재는 기분 좋은 긴장감과 즐거움을 함께 느꼈다.

바로 그때, 낯선 목소리가 대문으로 들어가려는 영재를 불러 세웠다.

"저기, 네가 영재니?"

"그런데요? 누구세요?"

낯선 사십대 남자가 초조한 표정으로 영재를 바라보고 있었다.

드디어 진로 박람회의 날, 박람회장은 일찍부터 인파로 북적였다. 특별반 아이들의 부모님은 물론이고 자기주도학습에 관심이 많은 학부모님들이 박람회를 찾았다. 꿈의 교실 선생님들과 아이들이 예상했던 것보다 훨씬 많은 숫자의 사람들이 모였다. 아이들은 미리 꾸며 놓은 박람회 부스에 부족한 부분이 없는지 살폈다. 발표회에 나설 은비는 발표 내용이 적힌 원고를 꼼꼼히 점검했다.

그러면서도 한 손에는 휴대 전화기를 들고 수시로 보았다. 아이들은 저마다 맡은 역할을 수행하느라 바쁘면서 한 편으로는 초조한 기색이 역력했다. 분위기가 어수선한 것이 무슨 일이 벌어진 것만 같았다.

"은비야, 전화 온 거 없니?"

고명석 선생님이 다급한 목소리로 물었다.

"없었어요."

은비도 근심이 가득한 얼굴로 대답했다.

고 선생님과 김 선생님, 은비와 아이들은 모두 영재를 기다리고 있었다. 중요한 발표를 맡은 영재가 약속 시간이 한 시간이 지났는데도 아직 행사장에 도착하지 않은 것이다. 곧 있으면 발표회가 시작될 텐데 이대로 영재가 나타나지 않는 것은 아닌지 걱정이다. 그때 고 선생님과 아이들이 있는 곳에 아주머니 한 분이 다가와 말을 걸었다.

"여기 우리들중학교 특별반 맞죠?"

"네, 그렇습니다만."

"담임 선생님이신가요?"

"네, 제가 고명석입니다."

고명석 선생님을 찾아온 사람은 다름 아닌 영재의 엄마였다.

"영재에게 무슨 일이 있습니까?

고 선생님은 영재가 박람회에 도착하지 않는 것보다도 영재에게 무슨 일이 생긴 게 아닌지 걱정스러웠다. 다행히 영재에게 큰일이 일어난 것 같지는 않았다.

"우리 영재가 지금 여기로 오고 있어요. 선생님께 반드시 갈 거라고 말씀드려 달라고 제게 부탁했어요. 선생님, 우리 영재 믿고 기다려 주세요. 너희들도 걱정하지 말고 영재를 기다려 다오."

영재 엄마는 선생님과 아이들에게 간절하게 부탁했다.

"네, 영재 어머님. 누가 뭐라고 해도 저는 영재를 믿습니다. 발표 전까지 꼭 올 거예요."

고 선생님의 말을 듣고 은비를 비롯한 아이들도 영재가 올 것이라고 생각했다.

그 시각, 영재는 진로 박람회로 향하는 차 안에 있었다.

'아직 시작하지 않았어야 하는데. 이제 전화기도 꺼졌구나.'

영재는 방전된 휴대전화를 물끄러미 보았다.

'선생님, 친구들 전부 실망하지 않을까. 그럼 이제 어떻게 하지?'

"거의 다 왔어. 조금만 더 가면 돼."

영재의 속마음을 알기라도 하는 것처럼 말을 건네는 사람은 영재의 집 앞에서 영재를 태워 간 사십대 남자였다. 영재는 지난밤의 일을 떠올렸다.

어젯밤 영재는 갑작스럽게 낯선 아저씨의 차를 타고 현수를 만나러 갔다. 현수는 영재가 우리들중학교로 전학 오기 전에 다니던 학교의 1학년 학생었다. 둘은 우연히 학교 옥상에서 만나 친해졌다.

영재는 옥상에 올라가는 것을 좋아했다. 사고의 위험이 있어서 옥상 문은 잠가두는데 영재는 자물쇠가 망가진 것을 알고 있었다. 그래서 쉬는 시간이나 점심시간이면 옥상에서 시간을 보내곤 했다.

"어, 여긴 내 구역인데?"

그런 영재에게 옥상이 자기 구역이라고 말한 게 현수였다. 한눈에 봐도 너무나 작은 체구였다. 중학교 1학년 중에는 초등학생 티를 벗지 못한 아이들이 많기는 하지만 현수는 유난히 작고 왜소했다. 영재는 현수에게 퉁명스럽게 대꾸했다.

"너 임마, 어디 1학년이! 여기는 계속 내 구역이었어."

그렇게 시작된 인연이 학교에서 겉도는 두 사람을 친구로 만들어주었다. 알고 보니 현수는 몸이 약해 학교를 자주 나오지 못하는 처지였다.

"형은 크고 멋져. 하지만 나는 형처럼 될 수 없을 거야."

영재는 '너도 언젠가 건강해질 거니까 걱정 마!'라고 말할 수도 있지만 어쩐지 대뜸 그렇게 말할 수가 없었다. 그렇게 말해 버리면 현수의 고민을 너무 가볍게 넘기는 것 같았다. 현수는 비단 몸이 아픈 게 전부가 아니었다. 학교를 못 나올 때가 많다 보니 아이들에게 왕따까지 당하고 있어서 마음의 상처도 깊었다.

"나 같은 건 왜 태어난 걸까? 제대로 살지도 못하는데……."

영재가 듣고 깜짝 놀랄 말을 현수는 아무렇지도 않게 내뱉곤 했다. 전학을 가면서도 영재는 현수가 걱정되었다. 다시 만나고 싶었지만 늘 마음뿐이었다. 새로운 학교에 적응하느라 바빴고 영재는 그렇게 현수를 차츰 잊고 살았다.

"네가 영재지? 우리 현수가 지금 많이 아픈데 너를 찾고 있어. 지금 가서 우리 현수 좀 만나 줄 수 있겠니?"

집 앞에서 차를 세워 놓고 영재를 기다린 사람은 현수의 아버지였다. 영재는 현수가 많이 아파서 입원했다는 말을 듣고 현수 아버지의 차를 타고 병원으로 갔다.

병실에서 만난 두 사람은 한동안 말이 없었다. 여느 중학생 아이들처럼 까불고 떠들 수가 없는 처지였다. 영재는 전보다 더 마르고 힘이 없어 보이는 현수를 보자 마음이 아팠다.

"영재 형, 나 옥상에 갈 때마다 형 생각했어. 형 보고 싶었는데."

"미안하다. 너는 나를 친구처럼 대해 줬는데 난 그러지 못했어."

"아니야, 이렇게 와 줬잖아."

'현수는 의리도 지킬 줄 모르는 나 같은 놈을 왜 그렇게 찾은 걸까.'

영재는 갑자기 죄책감이 들어 고개를 들 수 없었다. 그때 현수가 이렇게 말했다.

"형, 그거 알아? 나는 늘 형처럼 되고 싶었어."

"뭐라고? 왜 나처럼 돼? 내가 뭐 잘났다고?"

"아니야, 내 눈에는 형이 제일 멋져. 형은 뭐든지 해낼 수 있는 사람 같아."

영재는 갑자기 머리를 세게 얻어맞은 듯한 기분이었다.

'나는 늘 내 자신이 마음에 안 들었는데 나처럼 되고 싶어 하는 사람도 있다니. 어떻게 이럴 수가 있지?'

말을 오래 하기 힘든 현수는 더 이상 말을 잇지 못했다. 영재는 병실에서 현수 곁을 지켰다. 오전에 의사 선생님들이 출근하면 수술을 받을 거라는 현수, 그 전에 영재를 꼭 보고 싶다고 부모님을 조른 현수, 그런 현수의 곁을 떠날 수가 없었다.

영재는 엄마에게 전화를 걸어 박람회에 무슨 일이 있어도 참석할 거라고 선생님과 친구들에게 전해 달라고 부탁했다. 그리고 현수 곁에서 밤을 꼬박 새웠다.

우리들중학교가 발표할 시간이 다가왔다.

'이렇게 오지 않을 영재가 아닌데…….'

고명석 선생님이 손목시계를 보는 순간, 은비가 선생님을 향해서 외쳤다.

"선생님, 저기 영재 와요!"

정말로 영재가 헐레벌떡 뛰어오고 있었다. 선생님은 기쁨에 겨워 영재에게 성큼성큼 다가갔다.

"선생님! 정말 죄송해요. 저 늦지 않았죠?"

"아직 늦지 않았어! 어서 발표회장으로 가자."

영재는 선생님과 친구들에게 이끌려 발표회장으로 서둘러 갔다.

청중으로 가득 찬 발표회장은 술렁이고 있었다. 앞서 발표한 학교 아이들이 내려가자 박수가 쏟아졌다.

"이번 순서는 우리들중학교, 이영재 외 한 명의 친구들의 발표가 있겠습니다."

소개를 받고 제일 먼저 무대에 오른 것은 영재였다. 원래 발표를 위해서 의상도 준비해 놓았지만 급하게 오느라 그냥 교복 차림이었다. 하지만 초라하지 않았다. 오히려 학생 본연의 모습 그대로를 보여 주는 것 같아서 신선했다.

'현수야! 나처럼 되고 싶다고 했니? 수술하고 있을 너를 위해서, 절대로 부끄러운 이영재는 되지 않을게. 나 정말 멋지게 해내고 말 거야!'

무대 밑에는 영재 엄마가 관객석에 앉아서 영재를 바라보고 있었다. 아버지의 역할까지 맡아야 하는 엄마는 직장에 다니시느라 한 번도 이런 행사에 참여한 적이 없었다. 그런데 이번 만큼은 영재를 보러 왔다. 여러 사람들 앞에서 발표하기 위해 늠름한 모습으로 서 있는 영재가 엄마는 무척 자랑스러웠다.

"지금부터 제가 발표할 내용은 전부 저와 우리 꿈의 교실 학생들이 경험한 것입니다. 그리고 우리는 지금도 꿈을 찾고 있다는 점을 꼭 강조하고 싶어요.

먼저 우리 꿈의 교실 학생들은 자신의 미래를 막연하게 꿈꾸지 않습니다. 자기 자신이 누구인지, 무엇을 잘하는지, 어떤 일을 할 때 흥미를 느끼는지 먼저 발견하는 시간을 갖습니다. 그걸 '자기 발견'이라고 하는데요. 이 자기 발견을 기초로 미래의 직업을 찾아봅니다. 우리끼리는 이것을 '세계 발견'이라고 표현합니다. 자신의 직업을 구체적으로, 그림처럼 그려 본다고 해서 세계 발견이라고 하는 것이죠.

세계 발견을 하면 지금 하는 학교 공부 이후의 삶에 대해서 생각하게 됩니다. 공부 이후의 삶을 깨달으면 '지금 공부를 해야 하는 이유'를 알게 돼요. 이러한 작업들을 저희는 '꿈 페스티벌'을 통해서 재미있고, 신 나게 해 봤습니다."

스크린에 우리들중학교 아이들이 꿈 페스티벌을 즐겼던 영상이 재생됐다.

"저희 꿈의 교실 학생들은 꿈 페스티벌을 통해서 모두 자신만의

'진로 커리어 포트폴리오'를 만들었어요. 이 포트폴리오 속에 인생의 진로가 들어 있습니다. 자기 발견을 통해서 자기의 기질과 성향을 알고 어떤 직업들이 맞는지 탐색해 봅니다. 그 결과로 자신의 미래 직업 후보들을 추리고, 그 직업을 이루기 위해 과연 어떤 노력을 기울일 것인지 고민해요. 학업을 계획하기도 하고 자격증 목록을 만들기도 하는데 이 모든 준비 과정이 포트폴리오 속에 담깁니다."

"질문이 있습니다! 자기 발견이라는 것을 어떤 방식으로 하는지 궁금합니다."

첫 번째 질문이 나왔다. 순간 영재의 얼굴이 굳어졌다. 질의응답을 준비하긴 했지만 이렇게 갑자기 질문을 받게 될 줄은 몰랐기 때문이다.

무대 밑에 있던 은비도 덩달아 초조해졌다. 무대 위에 서 있는 영재의 표정을 살폈다. 그런데 영재의 얼굴을 보는 순간, 은비의 걱정은 사라졌다. 영재는 조금 당황한 듯했지만 자연스럽게 발표를 이어갔다.

"정말 좋은 질문을 해 주셨습니다. 제가 무대에서 발표할 시간이 짧아서 아쉬웠는데 조금 더 길게 발표를 할 수 있도록 도와주셔서 고맙습니다."

영재가 던진 농담에 청중들은 모두 웃음을 터뜨렸다. 영재 엄마는 영재가 하는 말에 더욱 귀를 기울였다.

"진로 커리어 포트폴리오의 시작인 '자기 발견'의 방식이 궁금하다고 질문해 주셨습니다. 자기 발견에서는 내가 어떤 점에 흥미를 느끼고 무엇에 재능이 있는지 찾아봅니다. 그런데 자기 스스로 생각하는 재능만 찾는 게 아니라 타인이 바라보는 재능도 함께 찾죠. 이렇게 해서 자신의 강점 지능을 확인하고 나면 자신이 어떤 일을 즐겁게 할 수 있는지 직업 성향도 확인합니다. 다양한 직업군 중에서 자기 발견을 통해서 알게 된 자기 재능과 어느 정도 통하는 직업들을 추려냅니다. 즉, 주관적이기도 하고 객관적이기도 하고, 경험에 기대기도 하고 과학적이기도 한 자기 발견을 하는 것이죠."

영재의 말을 듣던 부모님들 중 한 사람이 또 손을 번쩍 들었다.

"저도 궁금한 게 있습니다. 이제 자기 발견에 대해서는 충분히 이해가 됩니다. 하지만 청소년들 대부분은 직업을 선택할 수 있는 가치와 기준을 갖고 있지 않은 경우가 많습니다. 만일 그런 고민 없이 단순히 자신에게 맞는 직업을 찾는다면 나중에 직업이 바뀌거나 또는 후회할 가능성이 높지 않을까요?"

"네? 그건……."

영재는 첫 번째 질문에 대해서는 미리 준비해 둔 답변이 있었지만 두 번째 질문에는 미처 답변을 준비하지 못했다. 식은땀이 흐르는 그 순간, 은비가 무대 아래쪽에서 손짓을 했다. 은비는 언제 준비를 해 두었는지 노트북에 USB를 꽂더니 무대 뒤쪽에 설치된 스크린에 그림을 띄웠다. 스크린에 나타난 표를 보자, 영재는 어떤 답변을 해야 할지 그 내용이 떠올랐다.

"지금 화면에 보이는 표는 청소년들이 직업을 통해서 어떤 가치관을 얻을 수 있는지를 설명하고 있습니다. 이렇게 가치관의 유형들을 살펴보고 평소에 자신이 추구하는 바와 어떤 가치관이 잘 맞는지를 살펴봅니다. 이렇게 하면 청소년들도 직업을 보는 안목을 어느 정도는 키울 수 있습니다. 또 학생들은 자신이 어떤 가치를 선호하는지 알게 되죠. 물론 이러한 가치들은 학생들이 성장하면서 충분히 바뀔

| 직업을 통해 얻을 수 있는 가치관의 유형 |

직업 가치관 유형	특징	순위
능력 발휘	자신의 능력을 발휘하고 성취감을 얻을 수 있는 일	
다양성	단조롭거나 반복적이지 않고 다양한 활동을 통해 변화를 추구하는 일	
보수	돈을 많이 벌 수 있는 일	
안정성	쉽게 해직되지 않고 평생 안정이 보장되는 일	
사회적 인정	다른 사람들로부터 인정받을 수 있는 일	
지도력 발휘	사람들을 통솔하고 이끌 수 있는 일	
더불어 일함	다른 사람들과 협력해서 할 수 있는 일	
사회봉사	사람들을 도와주고 어려운 이웃을 돕는 일	
발전성	앞으로 더 발전하고 배울 가능성이 있는 일	
창의성	자신만의 아이디어로 새로운 시도를 할 수 있는 기회가 많은 일	
자율성	윗사람의 명령이나 통제 없이 스스로 업무를 계획하고 추진할 수 있는 일	

수 있어요. 그러나 직업을 통해서 이러한 가치관을 얻을 수 있다는 것을 아는 것만으로도 큰 도움이 되겠죠? 더 쉽게 직업의 가치를 알아보기 위해 다음과 같은 쉬운 비교 방식으로 가치의 우선순위를 매기기도 합니다."

영재는 은비에게 눈짓을 했다. 은비는 어떤 자료를 말하는지 바로 알아차리고는 다음 표를 화면에 띄웠다.

"앞에 나온 표보다 훨씬 간단하죠? 이 표는 직업을 선택할 때 중요하게 여기는 부분이 무엇인지 확인하는 표입니다. 이 표에는 네 가지의 주제로 질문이 두 개씩 묶여 있는데요. 해당하는 항목에 체크하면 자신이 어떤 가치를 추구하는지 알 수 있습니다."

| 직업을 선택할 때 어떤 부분을 더 중요하게 생각하는지 찾기 |

	특징	선택
1	보람을 얻는 것보다 보수를 많이 받는 것 (보수)	
	보수를 많이 받는 것보다 보람을 얻는 것 (사회봉사)	
2	명예와 존경보다는 권력과 지위를 얻는 것 (능력 발휘)	
	권력과 지위보다 명예와 존경을 받는 것 (지도력 발휘)	
3	직장보다 화목한 가정생활이 우선 (안정성)	
	가정보다 성공적인 직장 생활이 우선 (사회적 인정)	
4	근무 환경이 좋지 않더라도 보수가 좋은 직장 (보수)	
	보수가 적더라도 근무 환경이 좋은 직장 (발전성)	

'잘했어!'

영재는 은비와 눈빛으로 서로를 응원했다. 이어서 세계 발견에 대한 발표를 시작했다.

"자기 발견에 대해서는 이제 어느 정도 이해되셨을 겁니다. 이제 정말 중요한 게 남아 있죠. 바로 '세계 발견하기'입니다. 이 과정은 꿈이 같은 몇몇 친구들이 소그룹을 이루어 진행하는 것이 좋습니다. 세계 발견하기에서는 자신의 일생 동안 추구할 '비전'과 세상을 위해 비전을 사용할 '미션'을 알아보는 활동을 하게 됩니다. 여기에서 각자의 비전과 미션의 구체적인 대상과 롤모델을 찾는 활동을 친구들이 분담해서 공유하는 것이죠.

롤모델뿐 아니라 관련 직업군이나 학과와 대학을 찾는 작업도 병행하면 중장기적으로 더 구체적인 목표를 세울 수 있겠죠. 이렇게 친구들과 탐색한 자료들을 바탕으로 '꿈의 문장'과 '사명 선언서'를 작성합니다.

그런데 여러분, 사명 선언서도 수준이 있습니다. 초등생 때의 수준으로 막연하게 사명 선언서를 작성한다면 막연하게 꿈을 꿀 수밖에 없죠. 따라서 사명 선언서는 화면에 보이는 표와 같은 일곱 가지의 요소를 갖추면 가장 완벽한 버전이 될 수 있을 것입니다. 이제 아시겠죠? 사명 선언서에는 직업 비전, 직업 미션, 비전 대상, 비전 모델, 장기 목표, 중기 목표, 단기 목표, 이렇게 일곱 가지의 요소가 꼭 들어

| 사명 선언서의 일곱 가지 요소 |

	주체	소속	비전	세부 구분
1	오철수	초등 학생	저는 축구선수가 될 거예요.	직업 비전
2	김민영	중학생	저는 대한민국 최고의 만화가가 돼서, 자연과 인권의 소중함을 만화를 통해 알리고 싶어요.	직업 비전+ 직업 사명
3	한선영	고등 학생	저는 사회복지사가 돼서 사랑받지 못하고 자라는 아이들과 장애를 겪는 소외 아동들에게 교육의 기회를 주고 싶어요.	직업 비전+ 직업 사명+ 비전 대상
4	장필연	대학생	저는 대한민국 최고의 경영 컨설턴트가 되고 싶어요. 그래서 소셜 컨설팅 그룹의 고영 대표처럼, 최신의 경영 정보를 모으고 어려움을 겪는 중소기업 CEO를 위해 주말마다 무료 경영 컨설팅을 해주고 싶어요.	직업 비전+ 직업 미션+ 비전 대상+ 비전 모델
5	전소영	직장인	지금은 비록 견습생이지만, 세계적인 요리사가 될 거예요. 에드워드 권처럼 세계에 우리 음식의 위대함을 알리고 싶어요. 한식 외교관의 역할을 하면서 오지에서 식량난을 겪는 사람들과 난민들에게 음식을 지원하고 싶어요. 그 꿈을 이루는 시기를 2030년으로 잡고 올해까지 한식, 중식, 일식 3개의 자격증을 따기 위해 노력할 거예요.	직업 비전+ 직업 미션+ 비전 대상+ 비전 모델+ 장기 목표+ 중기 목표+ 단기 목표

가야 합니다."

박람회장에 모인 부모님들은 영재가 발표하는 모습을 흐뭇한 시선으로 바라봤다. 부모님들은 박람회 내용에 대해서 크게 기대하지 않았는데 아이들이 예상 외로 진지한 모습을 보여 주어 뜻밖이라는 반응이었다.

아이들이 이런 행사를 준비했고 이 내용을 실제로 특별반 수업에서 그대로 적용하고 있다는 사실이 놀라웠다. 영재의 발표를 지켜보면서 아이들이 꿈의 교실에서 배운 내용을 매우 구체적이고 정확하게 알고 있는 것이 대견했다. 멀리서 지켜보는 고명석 선생님도 영재가 기대 이상으로 잘해 주어서 무척 흐뭇했다.

"여러분, 그런데 여기서 한 가지 주의할 점이 있습니다. 자신의 직업을 정할 때는 단순히 자기 발견을 통해서 찾은 직업을 그대로 받아들이면 안 됩니다. 직업의 변화와 트렌드에 대해서도 고민해야 합니다. 왜냐하면 21세기에는 직업의 변화 속도가 너무 빠르기 때문입니다. 지금 있는 직업이 사라질 수도 있고 지금은 존재하지 않는 직업이 생겨나기도 합니다. 또 지금은 인기가 많지만 미래까지 전망이 어두운 직종도 있습니다. 반대로 지금은 비인기 직업이지만 미래 전망이 밝은 직종도 있을 것입니다. 이러한 정보를 모른 채 무작정 지금의 자기 발견만을 가지고 직업 비전을 잡는 것은 위험합니다."

"그러면 그런 정보는 어떤 방법으로 업데이트합니까?"

| 직업의 변화와 트렌드 |

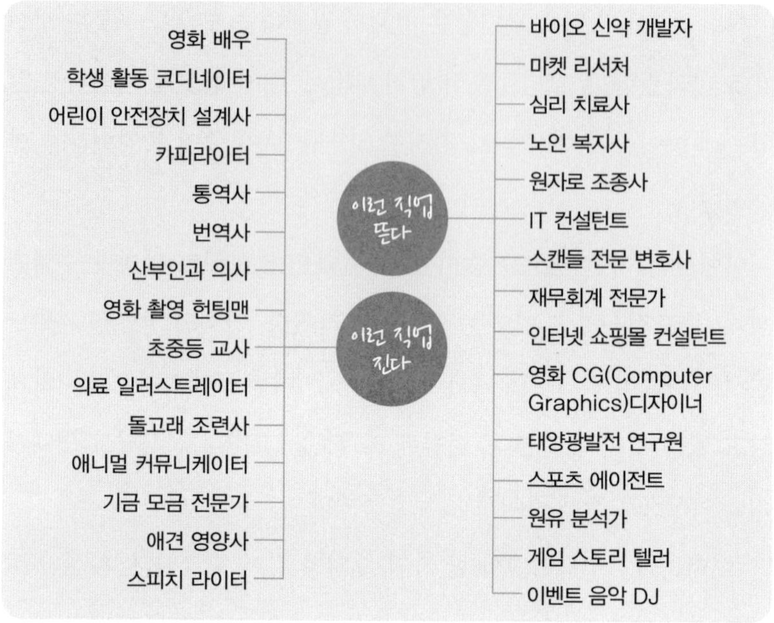

"그 부분은 발표가 끝난 뒤에 저희 꿈의 교실 박람회 부스를 직접 방문해 주시면 도우미 친구들이 자세히 안내해 드릴 것입니다."

영재는 꿈의 교실 부스를 손짓으로 가리키며 설명했다. 친구들과도 눈짓을 주고받으며 서로를 응원했다.

"자기를 발견하고 세계를 발견한 학생들은 각각 한 장의 최종 결과물을 만들어 자신의 진로 커리어 포트폴리오에 붙이게 됩니다. 바로 장기 로드맵이죠. 이 장기 로드맵은 자신의 인생 목표와 그 속의 직업 목표에 대해 각기 나이와 연도별로 해야 할 일과 네트워크, 역

| 장기 로드맵 |

	19세/2015년	24세/2020년	29세/2025년	34세/2030년	39세/2035년
시기별 목표 (지위)	• 서울대 디자인 학부 학생	• 국내 최고의 웹 에이전시로 취업(현재는 웹 에이전시 '이모션')	• 국내 1위 포털 사이트 디자인 팀장(현재는 '네이버')	• 어도비사 디자인팀 학생 간부	• 세계 클리오 어워드에 출품하여 우승 • 세계 공통으로 활용되는 메신저 디자인 완성
해야 할 공부 및 갖추어야 할 자격증	• 디자인학부, 시각 디자인 전공 • 방학을 이용해 컴퓨터 학원에서 웹디자인에 필요한 프로그램을 배우기 • 유명한 웹디자이너의 작품이나 큰 회사의 작품들을 많이 감상하고 평가	• 취업 후에도 자신의 파일과 이미지를 꾸준히 정리, 포트폴리오 업데이트 • 국내 및 국외 웹디자인은 물론 디자인 업계의 각종 어워드 및 세미나에 참가	• 국내 1위 포털 사이트의 팀장으로서 인사능력, 전체 흐름도를 파악하는 지휘자 되기 • 다양한 분야의 디지털 그래픽 작업을 시도하고 제안하여 독보적 디자인	• 이제까지의 연구, 실험한 디자인이 명확하게 자리 잡도록 다듬고 실무 적용하여 새로운 커리어 구축!	• 다음 세대 웹디자인의 흐름을 파악. 지식과 경험을 전수!!
네트워크 (관계 구축)	• 웹디자인의 꿈을 가진 친구들과 스터디를 만들어 전시회를 다니며 공부 • 웹디자인 동호회에 가입하여 정보 교환	• 동료들과 좋은 관계 유지 • 각종 세미나에서 만난 다른 디자이너들과 교류	• 회사 내 팀별 워크숍을 신설하여 꾸준히 실험적인 디자인을 연구한다. • 내가 맡은 모든 고객들의 프로젝트에 성실히 임한다.	• 국내외 인사들에게 한국의 디자인을 접목하는 디자인 커뮤니티를 제안한다. • 가능성 있는 인재를 발굴하고 양성한다.	• 주변 이웃들과 공동체를 형성한다.
가장 소중한 역할	• 부모님의 신뢰를 받는 딸 • 예의 바른 학생	• 유능하고 조화로운 디자이너 • 센스 있고 당당한 여자	• 권위 있으면서도 따뜻한 상사 • 배려 있고 유머 있는 아내	• 매너리즘에 빠지지 않고 꾸준히 공부하는 디자이너 • 훌륭한 부모	• 가정을 세우는 어머니

할과 비용 등을 적은 테이블입니다. 사실, 세계 발견을 꼼꼼하게 진행한 학생이라면 다소 시간은 걸리겠지만 장기 로드맵을 작성하는 데 큰 어려움은 없습니다. 물론 그 과정에서 직업이나 학과 정보를 검색하는 방법은 필요합니다."

영재는 다소 어렵게 보일 수 있는 내용을 쉽고 친절하게 설명했다. 테이블이 복잡해 보이지만 영재의 설명에 따라가니 결코 어렵지 않았다.

"그런데 여러분, 여기까지는 우리가 흔히 말하는 진로의 설정과 관련된 내용입니다. 그렇다면 진로 정하기가 여기서 끝나는 것일까요? 자기 발견과 세계 발견 사이에는 분명 거리가 있습니다. 목표가 없는 청소년이 대부분이지만 목표가 있는 학생들이라고 해서 모두 그 목표를 이루는 것은 아닙니다.

그 이유는 'HOW TO', 즉 현실의 변화에 대한 목표, 현재와 미래의 격차를 줄이기 위한 공부의 목표가 없기 때문입니다. 우리는 이 부분을 '목표를 이루기 위한 전략'이라고 표현합니다. 이러한 전략에는 자신의 공부 환경과 공부 유형을 분석하고 과목별 공부의 방법을 분석하는가 하면 이러한 내용을 전부 아울러서 '공부 로드맵'을 만듭니다. 공부 로드맵을 만드는 방법은 고은비 학생이 발표하겠습니다."

영재가 발표를 마치자 부모님들은 박수를 쳤다. 영재 엄마는 대견한 아들을 향해서 누구보다 힘차게, 큰 박수를 보냈다.

영재가 무대에서 내려가고 은비가 올라왔다. 무대에 선 은비는 맨 앞줄에 앉은 엄마와 눈이 마주쳤다. 은비 엄마는 영재의 발표를 듣고 꿈의 교실에 대한 선입견이 다소 누그러들었다. 그리고 무엇보다 은비가 발표하는 것을 어서 보고 싶었다.

'엄마, 저 지금까지 엄마 기대에 보답하고자 정말 열심히 노력했어요. 근데 잘 안 됐어요. 예전에는 왜 안 되는지 몰라서 내 자신을 미워했어요. 하지만 이제는 알아요. 선생님께서 가르쳐 주셨거든요. 저는 지금껏 엄마를 위해서 공부했지 제 자신을 위해서 공부하지 않았어요. 이제 앞으로는 저를 위해 공부할래요. 저 자신을 위해, 제가 원하는 방법으로, 저의 꿈을 위해서 공부할 거예요. 잘 해낼 게요. 지켜봐 주세요. 엄마!'

은비는 한동안 엄마를 응시하면서 이렇게 마음을 전했다. 그리고 청중을 향해 인사한 다음, 공부 로드맵을 설명하기 시작했다.

은비가 설명할 공부 로드맵은 단어의 뜻 그대로 공부의 지도를 만드는 것이다. 공부 로드맵은 어떻게 공부해야 할지 방식을 알려 주는 큰 지도다. 세세한 내용보다는 전체적인 방향을 세우는 것이 우선이다.

공부 로드맵은 학교를 목표로 하거나 공부의 목표를 설정하는데 이 과정에서 학생들은, 장기적인 인생 목표를 생각하면서 중기적인

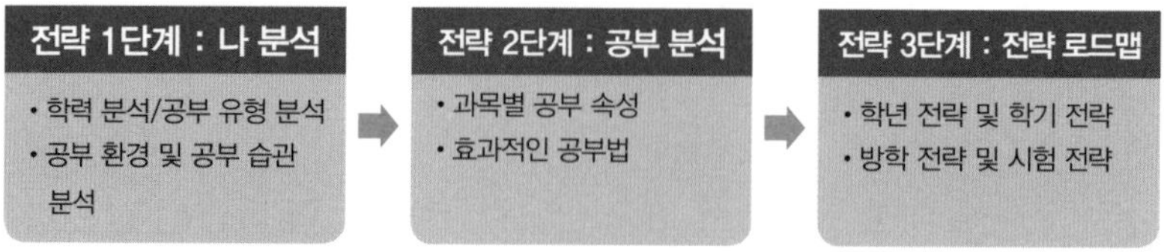

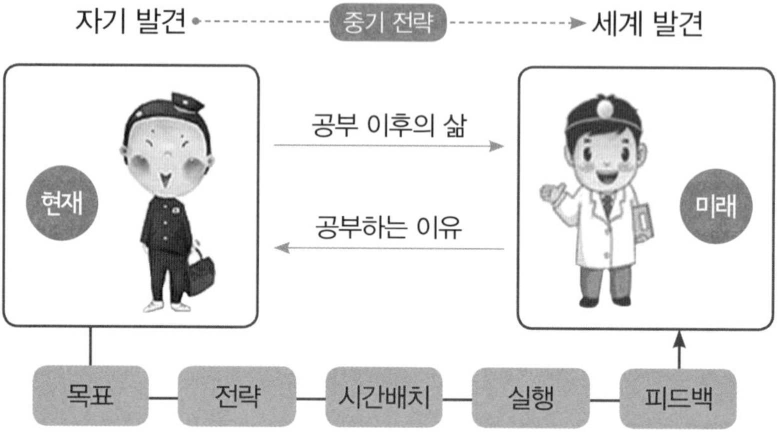

공부 목표도 정해야 한다. 현재 자신의 실력과 생각을 점검하고 꿈을 이루기 위해 필요한 과정에서의 목표를 세우는 것이다. 진급할 각 학년별 공부 목표도 세워야 하지만 학기 중 공부 전략, 방학 중 공부 전략, 평상시 공부 전략인 예습, 복습 전략을 수립한다.

은비의 발표는 중기적인 공부 로드맵을 지나, 학기 중 시험 플래닝으로 좁혀졌다.

"자기 주도적인 방법으로 공부를 하는 학생들에게 '시험'은 다른 친구들과의 등수를 비교하는 과정이 아닙니다. 자신의 발전을 위해 '부족한 부분을 확인'하는 과정입니다. 꿈의 교실 학생들은 대부분 이런 생각으로 시험에 임합니다.

물론 모든 학생이 시험을 잘 볼 수 없습니다. 하지만 적어도 우리 꿈의 교실에서는 모든 학생이 시험을 스스로 계획하고 주도합니다. 시험을 계획한다는 것의 출발은 시험 기간이 시작되는 시점이 아니라 지난 시험이 끝나는 때부터입니다. 만약 시험이 끝난 후, 곧바로 시험에 대한 피드백을 하지 않는다면 아무리 계획을 세워 다음 시험을 준비해도 비슷한 실수가 나올 수 있습니다."

청중은 일제히 고개를 끄덕였다. 은비가 하는 말이 전적으로 옳았기 때문이다. 시험 기간이 다가오면 대부분의 아이들은 시험 계획을 세우지만 계획을 세우는 대로 시험 준비가 되는 것도 아니고 또 그렇게 계획을 세워도 지난 번 시험 결과와 크게 다르지 않은 경우가 많다.

'어쩌면 저 어린 학생의 입에서 이 문제를 해결할 해답이 나올지도 몰라.'

사람들은 모두 귀를 쫑긋 세우고 은비가 하는 말을 경청했다.

"제대로 된 시험 계획을 세우기 위해서는 먼저, 이전 시험 기간에 대한 피드백이 필요합니다. 시험 기간 중에 자신의 행동 특성, 감성 특성 중에 굿 포인트와 배드 포인트, 그리고 개선해야 할 점을 반영해서 계획을 세우는 것이죠.

| 목표 점수 정하기 |

	국어	영어	수학	지학	물리	윤리	지리	생물	미술	음악	중국어	평균
이전 점수	85	95	75	80	78	90	88	85	85	•	•	84.56
목표 점수	95	100	90	90	90	100	95	95	95	100	100	95.45
실제 점수												

가장 중요한 것은 이번 시험의 목표 점수입니다. 목표 점수를 정할 때는 과목별 이전 점수를 보며 이번 시험의 목표를 세웁니다.

목표의 기준은 지난번 시험 점수입니다. 그리고 앞으로 있을 시험에서 실제로 받을 점수를 공란으로 비워 두면 이것은 학생들이 시험공부를 하는 데 있어 적당한 긴장감을 줍니다.

이렇게 시험의 목표를 정한 후에는 시험 3주 전부터 각 주별로 단계적으로 전략을 수립합니다. 여기서는 일반적으로 적용될 만한 내용을 소개하겠습니다.

3주 전 시험공부의 핵심은 시험 계획을 세우고 주요 과목을 충분히 공부하는 것입니다. 주요 과목은 양도 많고 이해가 필요하기에 시험에 가까이 다가갈수록 마음이 급해지면 주요 과목을 공부하기가 쉽지 않습니다. 그러니 3주 전에 충분히 진도가 나가야 합니다. 시험이 2주가 남았으면 암기 과목의 진도가 나가야 합니다. 암기 과목은 주요 과목처럼 깊이 들어갈 필요가 없기 때문에 2주 전과 1주 전에

| 시험 3주 전 공부 전략 예시 |

	시험 3주 전	시험 2주 전	시험 1주 전	시험 기간(시험과목)
Mon	[영어] -본문 큰소리로 박자 맞춰서 읽기 Lesson1~Lesson2	[영어] -큰소리로 박자 맞춰서 읽기 -새로운 단어 암기	[영어] -자습서 단원평가 풀기 -전 범위 외우기	<D-Day 1> [국어] -체크한 부분 외우기 [도덕, 컴퓨터] -프린트물 암기
Tue	[수학] -1단원 개념 완전 이해	[수학] -2단원 개념 완전 이해 -문제 풀기	[수학] -전 범위 총정리 문제 풀기 -전년도 기출 문제 풀기 -오답노트 보기	국어, 도덕, 컴퓨터 시험!!!
Wed	[국어] -시험 범위 교과서 천천히 읽기 [영어] -본문 읽기	[국어] -시험 범위 끝까지 읽고 노트 암기 [과학] -개념 정리	[국어] -프린트물 문제 풀기 -총정리 문제 풀기	<개교기념일> [사회, 기 · 가] -예상 문제 풀기 [수학, 과학] -총정리
Thu	[기 · 가] -쪽지 시험 준비 -노트 암기 [영어] -본문 읽기	[사회] -노트 필기 보충 -수행평가 자료 준비 -문제풀기	[과학] -프린트물 암기 -오답노트 복습	수학, 사회, 기 · 가 시험!!! [과학, 영어] -오답 정리 + 마무리
Fri	[수학] -1단원 마무리 -2단원 개념 이해 [사회] -교과서 읽기	[수학] -1, 2단원 기출문제 풀기 -4단원 복습	[사회] -교과서 꼼꼼히 읽기 -오답노트 복습	영어, 과학 시험!!!
Sat	하고 싶은 과목이나 부족한 과목 공부 [국어] -수행평가 모임	하고 싶은 과목 아무거나 공부 [과학] -문제 풀기	[도덕] -교과서 읽기 [기 · 가] -교과서 이해 & 암기	새미랑 영화보기
Sun	쉬는 날~~ 한주 돌아보고 다음 주 준비!	부족한 과목 보충하는 날	-암기과목 프린트 외우기 -자주 틀리는 문제 확인!	쉬기
피드백	생각보다 국어 범위가 많았다. 다음 주에 보충! 2조 수행 평가 즐거웠음 ㅎㅎ	문자하느라 공부 흐름이 끊김... 공부 시간에는 핸드폰 끄기!	사회책 학교에 놓고 와서 컴퓨터 공부만 하다가 인터넷만 3시간째ㅠ	벼락치기 웬만큼 극복! 시험 1주 전에는 선생님께 질문 많이 하기!

| 시험 3주 전 공부 전략 |

1차 공부	2차 공부	3차 공부	마무리 공부	D-Day
D-3주 **시험 계획표 작성 + 중요 과목 공부** • 교과서, 노트 중심으로 공부 • 주요 과목 공부에 집중	D-2주 **내용 이해 & 정리** • 교과서, 참고서 핵심 정리, 요약 • 기본 문제 풀이 • 암기 과목 공부	D-1주 **문제 풀이 & 암기** • 다양한 문제 풀이 • 과목별 반복 공부 • 암기 과목 하나씩 완료 • 핵심 암기	D-2~3일 **막판 스퍼트** • 빠르게 내용 총 복습 • 어려운 문제 위주로 다시 풀이 • 부족한 과목 공부 • 주요 과목 정리	시험 전날 **최종 공부** • 지금까지 해온 것 총 복습 • 예상 주관식 암기

	공부 전략	공부 외 전략
3주 전	주요 과목 • 원리, 개념 이해 • 큰 흐름과 인과 관계 파악 • 교과서, 자습서, 필기 노트 활용	• 시험 목표 세우기 • 시험 시간표 범위 확인 • 시험 정보 수집, 기출 문제 확보 • 로드맵 세우기 • 피드백 시작(주간, 하루 단위)
2주 전	주요 과목 문제 풀이 • 문제풀이→ 채점→ 답 확인 암기 과목 시작 • 요약 노트 만들기/ 암기법 활용 • 자투리 시간 활용	• 수면 관리, 컨디션 조절 • 공부 이외에 꼭 해야 할 일과 하지 않아도 될 일 정리 • 확실하지 않지만 계획에 포함시켜 두는 편이 나을 것 같은 일(예: 시험 막바지까지 이해하지 못하는 부분, 공부를 모두 마친 후에도 가장 취약한 부분)
1주 전	총정리 • 노트 필기, 유인물 꼼꼼히 살펴보기 • 기출 문제 풀이 • 출제자 입장에서 예상 문제 뽑아 보기 • 과목별로 풀었던 문제(모르는 문제, 헷갈리는 문제, 틀린 문제) 확인	• 나를 체크해 줄 사람 만들기 • 컨디션 조절하기

반복적으로 여러 과목의 학습량을 채워야 합니다.

시험 1주일 남았을 때는 다양한 문제 풀이를 하고 암기 과목을 하나씩 완료합니다. 더불어 과목별로 조금씩 반복 학습을 시작합니다.

1주 전에 반복 학습을 시작하려면 3주 전 공부 전략부터 하나씩, 차근차근 차질 없이 진행해야 합니다."

은비는 시험 3주 전부터 어떻게 계획을 세우고 준비할지 예시를 정리한 새로운 그림을 스크린에 띄우고 설명을 계속했다.

"여기서 꼭 한 가지 주의할 점이 있습니다. 아무리 전략을 세웠다 할지라도 시험 기간에는 늘 공부 이외의 변수가 많습니다. 유혹도 많고, 몸이 아플 수도 있습니다. 즉 시험공부에 대한 전략 이외에 다른 환경적인 부분도 고민해 보아야 한다는 것입니다. 시험이 워낙 중요하고 그 결과가 남기 때문에 특별한 전략이 필요하죠. 시험의 전략에는 공부 전략만 있는 것이 아닙니다. 공부 외의 부분에서도 전략을 세워야 하는데요. 공부 외 전략은 공부 전략만큼 중요합니다.

여기에는 구체적인 시험공부에 대한 내용이 모두 포함됩니다. 이번 시험 목표, 기출 문제를 확보하고 잠자는 시간과 컨디션을 조절해 시험 당일에 준비한 만큼의 성과를 낼 수 있게 하는 것이죠. 또한 멘토를 통해 시험 준비 과정을 확인 받고 지난번 시험 결과를 다시 한 번 피드백하면서 개선할 점을 재점검하는 것도 필요하죠."

은비는 스크린에 시험 3주 전 공부 전략 파일과 실제 적용한 예를

| 시험 피드백 |

과목	목표 점수	실제 점수	만족도	틀린 개수	오답 원인 분석					
					개념 이해 부족	암기 부족	문제 풀이 부족	문제 잘못 읽음	답안 표기 실수	시간 관리 부족
수학	90	85	7	4	1		1		1	1
국어	96	90	8	3		1				2
영어	100	96	8	1		1				
사회	95	88	6	5	1	3		1		
과학	90	91	10	3			3			
도덕	100	94	8	2		1			1	
기·가	90	100	10	0						
컴퓨터	84	100	10	0						
평균	93.13	93.00			2개	6개	4개	1개	2개	3개

전체 평가 :	개선안 :
국어, 과학, 기·가, 컴퓨터는 목표 달성! 3주 로드맵의 효과! 하지만 시험 칠 때 어려운 문제에서 시간을 많이 빼먹었다.	시험 끝났다고 놀지만 말고, 기말 대비 미리하기! 평소 문제집 풀 때 시간 체크하기, 문제 좀 더 많이 풀어 보기!

Good Point	- 기·가, 컴퓨터 : 백점 맞았다!! 기쁘다 ㅎㅎ - 국어 : 선생님이 강조한 부분 확실히 외운 것! - 공부 전략: 주요 과목 먼저 공부한 것 - 과학 : 개념도 그리기 효과 대박~
Bad Point	- 도덕 시험 때 답안지 쓰면서 마킹 잘못해서 전부 다시 체크함 ㅠ - 벼락치기 하느라 사회 교과서 끝부분 대강 본 것! - 마지막 날 아침에 너무 많이 먹어서 시간 부족했던 것
새로운 전략 세우기	- 다음 시험 때는 빨간펜으로 예비 체크하기 - 사회 : 예복습! 특히 복습(노트 훑어보기) 매일하기 - 시험 보는 날 아침식사는 간단히, 점심은 많이~

띄워 설명을 보충했다. 시험을 앞두고 공부와 환경까지 어떤 전략을 세우고 어떻게 관리해야 하는지 한눈에 알 수 있었다.

"시험 전략을 잘 세웠다고 해서 끝나는 것이 아닙니다. 앞서 말씀드렸듯이 시험을 보고 난 후 피드백을 얼마나 잘하느냐에 따라 다음 시험에서 실수를 줄일 수 있습니다."

은비는 화면에 지난 시험에서 피드백을 했던 파일을 열고 설명을 이어갔다.

"먼저는 어떤 문제를 어떤 이유로 틀렸는지 알아야 합니다. 문제를 잘못 풀었을 수도 있고 암기를 다 하지 못해서 틀렸을 수도 있습니다. 각 과목마다 어떤 이유로 틀렸는지 체크해 보면 자신의 실수와 개선 방향을 잡을 수 있습니다.

이를 위해서는 오답 원인을 크게 여섯 가지로 나누어서 분석하면 큰 도움이 됩니다. 문제를 풀 때 나의 나쁜 습관을 바로 확인할 수 있죠. 다음 시험 준비에 대한 대응도 바로 적용할 수 있고요. 기존에는 전체 평균 점수만 확인하는 정도에 머물렀다면, 이제는 각 과목별 목표 점수에 따른 만족도를 체크하고 각 과목에 대한 피드백을 하는 것이 주요 포인트입니다.

이번 시험을 준비하면서 특별히 노력했던 점이 있거나 부족했던 점도 각각 써 보는 것도 좋습니다. 이를 토대로 다음 시험을 위한 자신만의 전략을 세울 수 있게 되죠. 자기 자신을 평가하는 것이야말로 그 누구보다 냉정하면서도 따뜻한 격려가 될 수 있습니다. 이제 시험을 준비하는 만큼 시험을 본 후에 하는 피드백 또한 꿈을 향해 나아가는 우리에게 중요한 과정이 된다는 것을 아시겠죠?”

은비는 시험에 대한 전략과 피드백에 대해 이야기한 후 화면에 자신이 썼던 ‘감성 피드백 일기’를 띄웠다.

“한창 사춘기를 지나는 친구들이기에 시험을 치른 후 그동안 예민하고 힘들었던 부분을 스스로 다독이는 시간이 필요합니다. 이런 부분을 개선하기 위해 ‘감성 피드백’의 시간을 갖는 것도 중요합니다. 시험 자체가 큰 의미가 아니라 우리의 꿈을 이루기 위한 과정이라는 것을 다시금 깨닫는 거죠. 스스로를 다독이면서 더 큰 꿈을 꾸고 그 과정을 더 잘 헤쳐 나가자고 나에게 다짐합니다.”

발표회가 막바지에 이르렀다. 누가 뭐래도 이번 진로 박람회의 주인공은 영재와 은비였다. 은비가 방학 플래닝에 대한 추가 발표까지 마치자 마지막으로 영재가 인사를 하기 위해서 다시 무대에 올라섰다. 발표회는 그렇게 마무리되었다.

부모님들의 반응은 예상 외로 뜨거웠다. 지금껏 한 번도 본 적 없는 아이들의 진지하고 자신감에 찬 모습, 미래에 대한 기대감이 부모님들에게도 전해진 것이다. 부모님들의 관심은 자연스럽게 고명석 선생님에게로 옮겨졌다.

은비의 감성 피드백 일기

10월 13일, 드디어 중간고사 끝~
이번 시험은 나에게 칭찬해 주고 싶어.
비록 목표했던 만큼 좋은 성적을 거두지는 못했지만, 열심히 했잖아. 인정인정!
사실 이전에는 열심히 했다고 할 만큼 노력하지 못했어.
그래. 이번 시험은 성적보다 공부해야 하는 이유를 찾고 마음을 다잡은 것,
그게 가장 큰 보람이고 성과인 것 같아.
지난번보다 성적도 조금 오르기도 했고~^^
(그래도 다음엔 목표 점수를 이루는 거다~!!)

물론, 이번에도 집중하지 못하고
쓸데없는 걱정과 생각으로 놓치고 지나간 시간도 있어.
이건 더 노력해야 할 부분이야. 알지?
예전에는 시험이 끝나면 엄마의 걱정스런 얼굴이 떠올랐는데
이제는 나 자신을 생각하게 되네.
이번 시험을 어떻게 피드백할지에 대해서도 생각하게 되고.
천천히 변하고 있는 나를 믿자! 즐겁게!

좋은 선생님과 친구들이 함께해서 좋다.
솔직히 예전에는 친구들이 시험을 잘 보면 싫었는데
이제는 진심으로 응원하고 싶어.
이것도 내가 성장했다는 뜻이겠지?

중간고사 끝. 하지만 나의 공부는 이제 시작!
이번 시험에서의 아쉬움 털고 일어서기!
은비, 파이팅!

“이 많은 걸 지도한 선생님은 어디 계신 거야?”

“은비야, 영재야! 선생님들 모시고 와.”

멀리서 영재와 은비의 강연을 지켜보던 고명석 선생님과 김지원 선생님이 아이들 손에 이끌려 무대로 올라왔다. 계획에 없던 일이었다. 선생님들은 큰 박수를 받았다. 마이크를 잡은 고 선생님은 부모님들께 고마움의 인사를 전했다.

“여기 두 아이들이 발표한 내용은 지난 몇 달간 꿈의 교실 아이들이 직접 경험한 일들입니다. 변화를 두려워하는 우리 교육 현실에서 결코 쉽지 않은 실험이었습니다. 그래서 많은 어려움도 있었습니다.

아이들 앞에서는 내색하지 않았지만 이번 박람회를 준비하면서도 걱정이 많았습니다. 하지만 그런 저보다 더 뛰어나고 가능성이 넘치는 꿈의 교실 학생들의 활약으로 이런 자리를 마련할 수 있었습니다. 여러 부모님 앞에서 저는 감히 확신합니다.

플래닝보다 더 중요한 것은 따뜻한 멘토링입니다. 이렇게 짧은 시간 안에 저를 믿고 성실하게 따라 준 우리 아이들에게는 부모님들의 사랑과 격려가 가장 필요합니다. 아이들은 누구보다 열심히 노력했고 아주 많이 달라졌습니다. 이 아이들이 더 크게 성장하고 꿈을 펼칠 수 있도록 사랑을 베풀어 주십시오.”

고 선생님의 말이 끝나자 부모님들이 일제히 일어나서 박수를 쳤다. 은비 엄마는 무대에서 내려온 은비를 따뜻하게 안아 주었다.

"은비야, 엄마가 우리 딸을 어리게만 봤나 봐. 이렇게 대견하고 성숙한 걸 엄마는 몰랐어. 이제부터 네 공부법을 믿고 뒤에서 응원할게."

은비와 은비 엄마가 화해하는 모습을 보던 영재도 엄마에게로 다가갔다. 엄마는 영재 몰래 눈물을 훔치고 있었다.

"엄마, 저 이제 정말 달라질게요. 아니, 전 이미 달라졌어요. 엄마도 그렇게 생각하시죠?"

영재의 말에 엄마는 고개를 힘차게 끄덕였다.

쌍둥이들의 부모님, 정규와 지은의 부모님도 모두 아이들에게 격려와 신뢰의 말을 건넸다. 그리고 박람회에 참석한 부모님들은 모두 고명석 선생님에게 지지를 보냈다. 박람회가 성공적으로 끝났다는 소식을 듣고 교장 선생님도 박람회장을 찾았다. 교장 선생님 역시 아이들과 부모님, 선생님들을 흐뭇한 시선으로 바라보았다.

1년 후, 꿈의 교실 아이들은 모두 지원했던 고등학교에서 자기주도학습 전형에 합격했다는 통지서를 받았다. 외교관이 되고 싶은 은비는 외국어 고등학교를, 컨벤션 회사의 CEO가 꿈인 지은이는 컨벤션 고등학교, 운동에 소질이 있는 정규는 체육 고등학교, 호텔 경영이 꿈인 쌍둥이들은 관광 고등학교에 입학했다. 영재는 평범한 인문계 고등학교에 입학했지만 확고한 꿈이 생겼다. 아이들은 원하던 학교, 목표했던 학교에 진학했다는 것만으로 진심으로 기뻤다.

꿈의 교실 아이들이 모두 꿈을 이룬 날, 아이들은 고명석 선생님과 김지원 선생님을 위한 자리를 마련했다. 아이들은 저마다 준비해 온 춤, 노래와 장기 자랑으로 흥을 돋웠다. 선생님들은 즐거움에 시종일관 미소를 잃지 않았다.

"저희가 변한 건 모두 선생님들 덕분이에요."

"너희가 꿈을 이룬 건 누구보다 너희가 스스로를 아꼈기 때문이야."

선생님과 아이들은 서로에게 공을 돌리며 서로를 칭찬했다.

열여섯 명의 아이들 모두 이런 자리를 마련하게 된 것이 진정으로 기뻤다. 지금 아이들을 기쁘게 하는 것은 목표를 이루었다는 성취감이 아니었다. 그보다는 앞으로 이루어야 할 꿈이 있다는 사실과 그 꿈을 이룰 만한 능력이 자신들에게 있음에 기뻐했다.

"선생님, 저희는 앞으로도 계속 노력할 수 있어요. 성취해야 할 목표도 있고요. 꿈을 갖고 사는 사람이 진정으로 행복한 사람이라는 걸 알게 해 주셔서 감사해요."

그런 아이들을 바라보며 고명석 선생님은 한 가지 분명한 사실을 알 수 있었다. 그것은 바로 아이들의 꿈이 이제 막 이루어지기 시작했다는 것이다.

파티가 끝나고 박람회를 준비하던 어느 날처럼 은비와 영재는 나란히 운동장을 걸어 나왔다.

"현수라는 아이는 지금 어떻게 지내?"

영재가 박람회장에 지각했던 이유를 친구들로부터 전해 듣고 현수에 대해서 알고 있는 은비가 조심스럽게 물어봤다.

"응! 지난 번 수술도 잘됐대. 녀석이 이제 되게 밝아졌어."

"나중에 나도 현수를 만나러 갈 수 있을까?"

"네가?"

"응"

"네가 가면 녀석 입이 찢어질 텐데."

영재는 "너무 예뻐서……"라고 은비가 들리지 않게 작은 소리로 중얼거렸다.

"뭐라고?"

"아, 아니야!"

"참, 그 얘기 들었니? 두 선생님들."

"아, 특별반 전원이 진학에 성공해서 학교 전체가 이제 특별반 프로그램을 실시할 거라는 얘기?"

"응, 내년에 고명석 선생님과 김지원 선생님이 다른 선생님들에게 노하우를 전수할 거래."

"크크, 잘됐다."

"잘된 걸로 치면 네가 가장 잘됐지. 이제는 꿈이 확실해졌잖아."

"응……."

영재는 어쩐지 쑥스러워서 머리를 긁적였다.

“난 네가 고명석 선생님처럼 될 수 있다고 생각해. 너처럼 가능성은 있는데 방법을 모르는 아이들을 잘 이끌어 줄 것 같아.”

“난 선생님만한 카리스마가 없어.”

“아니야, 너 되게 카리스마 있어.”

“정말?”

“응! 애들이 처음에 너 얼마나 무서워했는지 알아? 정규 다음으로 네가 짱일걸?”

“뭐라고? 너 지금 나 놀리는 거야?”

“바보, 그걸 이제 알았냐?”

둘은 웃고 장난을 치면서 운동장을 빠져나갔다. 졸업을 하고 고등학교에 입학하게 되면서 아이들은 이 운동장을 예전처럼 자주 걷지 못했다. 하지만 고등학교, 대학교에 가서도 해마다 한두 번씩은 꼭 학교를 찾아서 선생님들께 인사를 드리고 후배들을 격려했다. 열여섯 명이 모두 모이면 각자의 꿈을 이야기하느라 시간 가는 줄 몰랐다.

“우리는 꿈을 이루고 이뤄도 또 새로운 꿈이 생기네.”

“평생 꿈을 꾸고 이루면서 살게 될 것 같아.”

“그렇게 말하니까 정말 근사한데?”

평생 꿈을 꾸고 꿈을 이룰 수 있는 삶이란, 아이들이 꿈의 교실에서 배운 가장 값진 가르침이었다.

진로 커리어 포트폴리오

핵심만 뽑아 보는 꿈의 교실

★진로 설계에서 주의해야 할 핵심 항목은? ○○ ○○

진로 커리어 포트폴리오는 학생들이 준비할 수 있는 진로 설계의 결정판이다. 대부분의 진로 설계는 되고 싶은 꿈을 강조하는 데서 멈추지만 진로 커리어 포트폴리오는 이러한 단점을 보완한다. 진로 설계시에는 두 가지에 유의해야 한다. 우선 스스로가 분명한 ○○ ○○의 과정을 거치지 않으면 후일 목표를 이루는 과정에서 방향을 전환할 수도 있다. 목표를 이룬 이후에도 진정 자신이 원하는 길이 아님을 후회하기도 한다. 또한 세계 발견 위주의 진로 설계는 자기주도학습 입학전형과 입학사정관 전형에서 큰 어려움을 겪는다. 인생 목표에 따른 일관된 준비가 아니라 단기간에 형성된 스펙으로 여기는 것이다. 따라서 자신의 흥미, 재능, 강점, 성향, 선호 등에 따른 ○○ ○○을 체계적으로 준비하는 것이 진로 커리어에서는 매우 중요하다.

답 : ○○ ○○ 자기 발견

★진로 설계에서 주의해야 할 핵심 항목은? △△ △△

△△ △△은 진로의 목표를 정하는 것이다. 분명한 것은 진로가 먼저고, 진학이 그 다음이라는 것이다. 진로에 따라 진학의 과정도 달라진다. 진로를 정하는 과정에서 자기 발견의 결과를 그대로 적용해 직업을 선택하는 것은 다소 위험하다. 최소 여섯 가지, 즉 1. 직업 인식도, 2. 직업 트렌드, 3. 직업 만족도, 4. 직업 유형군, 5. 직업 적성도, 6. 직업 가치관 항목을 통해서 △△ △△의 기초를 만든 후에 목표를 정해야 한다.

답 : △△ △△ 세계 발견

에필로그

따뜻한 멘토링이 변화를 이끈다

나는 앞으로 대한민국의 수많은 학교들이 이 책에 등장한 '꿈의 교실'처럼 변화할 것이라고 자신한다. 현재, 이미 많은 학교들이 플래닝 원리와 자기주도학습의 학교 시스템과 교실 운영 원리를 시도하고 있다. 언젠가는 우리나라도 교육 선진국처럼 '플래닝' 교과서를 공식 교과 과정으로 활용하는 날이 올 것이라고 믿는다.

그날을 위해 우리는 오늘도 한 마리의 벌새가 되어 불이 난 산에 '한 방울의 물'을 부리로 나르고 있다. 이것은 처음부터 1퍼센트의 가능성을 보고 시작한, 어찌 보면 무모한 도전이었다. 나는 1퍼센트의 가능성이 99퍼센트의 보물이 되는 그날까지 포기하지 않으려 한다. 포기하지만 않으면 반드시 꿈은 이루어진다.

책을 마무리하며 꼭 당부하고 싶은 것이 하나 있다. '플래닝' 보다 더 위대한 것은 '멘토링'이다. 치밀한 계획보다 더 큰 힘은 따뜻한 섬김이다. 바로 여기에 변화의 키워드가 있다.

그 이유는 간단하다. 우리가 도울 대상이 바로 '청소년'이기 때문이다. 이 땅의 청소년들을 하나의 특징으로 묶는 것은 다소 무리가 있지만 이 한 가지만은 분명히 말하고 싶다.

그들을 움직이는 키워드는 'What'이 아니라 'Who'이다. 제아무리 훌륭한 플래닝의 원리라도 그것을 전하는 사람이 누구인가가 중요하다. 그런 의미에서 이 책에는 기존의 자기주도학습에서 언급하지 않았던 초기 멘토링의 몇 가지 방법론을 시도해 보았다. 의미 있는 접근이었다고 생각한다.

한편, 이 책은 진로 설계에 기반한 입학사정관제도의 핵심 흐름을 담고 있다. 기존의 진로 설계 방법론을 바탕으로 한층 강화된 모델을 제시했다. 그러므로 본문의 후반에 나오는 주인공 영재의 강연 내용을 진지하게 살펴볼 필요가 있다.

나는 이 책을 읽는 학생, 선생님, 부모님들이 이 책을 한 번 정독하는 것에서 그치지 않고 여러 번에 걸쳐 읽고 여기에서 소개한 방법을 활용했으면 좋겠다. 처음에는 스토리를 따라서 읽고 두 번째, 세 번째 읽을 때는 밑줄을 그으면서 읽기를 바란다.

이 책을 읽은 많은 부모님들은 '우리 아이도 꿈의 교실 아이들처럼 되었으면 좋겠다'고 생각할 것이고 학생들은 '나도 영재나 은비처럼 되고 싶다'고 생각할 것이다. 그러면서 한편으로는 '이건 이야기니까 가능한 거겠지' '현실은 그렇게 녹록치 않다'고 의구심을 갖는 사람들도 있을 것이다. 하지만 나는 학교 현장에서 프로그램을 적용하면서 많은 은비와 영재들이 성장하는 것을 지켜보았다. 이 책의 이야기는 수많은 사례 중 일부일 뿐이다. 더 크게 꿈꾸고 자랄 가능성을 가진 아이들이 언제나 우리 곁에 있다. 우리는 다만 그들에게 꿈을 꾸는 것이 왜 중요한지 알려 주고 그 과정을 코치하고 멘토링으로 도울 뿐이다.

무엇보다 이 책을 보는 교사와 학부모, 학생 모두가 먼저 마음껏 꿈꾸기를 진심으로 바란다. 어떤 꿈이라도 좋다. 그 꿈을 믿는 순간부터 우리 내부에는 꿈을 이룰 가능성이 자라난다. 그 가능성은 점점 커질 것이고 언젠가 그 꿈은 현실이 될 것이다. 더 많은, 더 새로운 은비와 영재들이 빛나는 데에 이 책이 함께하기를 바란다.

끝으로 대한민국 교실 곳곳에 자기주도학습을 정착시키는 데 함께해 준 TMD 교육그룹 직원들과 강사분들에게 진심으로 고마움을 전한다. 또한 이 책을 출판하는 과정에서 최선을 다해 준 (주)대성과 이야기를 만들어 준 양민영, 그리고 김승 작가님께 감사드린다.

마지막으로 내가 하는 일이 얼마나 가치 있는 일인지를 이야기해 주며 늘 힘을 주는 사랑하는 아내에게 진심어린 사랑과 감사를 보낸다.

고봉익

꿈의 교실

1판 1쇄 2012년 2월 1일 발행
1판 6쇄 2017년 8월 21일 발행

지은이 고봉익
펴낸이 김정주
펴낸곳 ㈜대성 해와비
본부장 김은경
기획편집 이향숙, 김현경, 양지애
디자인 문용
영업마케팅 조남웅
경영지원 장현석, 박은하
등록 제300-2003-82호
주소 서울시 용산구 후암로 57길 57 (동자동) ㈜대성
대표전화 (02) 6959-3140 | **팩스** (02) 6959-3144
홈페이지 www.daesungbook.com | **전자우편** daesungbooks@korea.com

ISBN 978-89-97396-01-6 (03370)

- 이 책의 가격은 뒤표지에 있습니다.
- 해와비는 ㈜대성에서 펴내는 아동 · 청소년서 브랜드입니다.
- 잘못 만들어진 책은 구입하신 곳에서 바꾸어 드립니다.

이 도서의 국립중앙도서관 출판시도서목록(CIP)은 e-CIP홈페이지(http://www.nl.go.kr/ecip)와 국가자료공동목록시스템(http://www.nl.go.kr/ kolisnet)에서 이용하실 수 있습니다.(CIP제어번호: CIP2011005746)